THE KIDS' BOOK OF SUDOKU 2

Puzzles and solutions
by Alastair Chisholm

(Visit Alastair's website at
www.indigopuzzles.com)

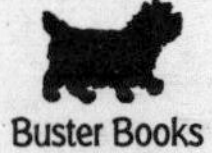

Buster Books

Revised paperback edition first published in 2017

First published in Great Britain in 2005 by Buster Books,
an imprint of Michael O'Mara Books Limited,
9 Lion Yard, Tremadoc Road, London SW4 7NQ

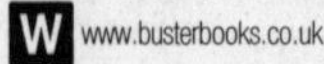

The puzzles in this book were previously published in *The Kids' Book of Sudoku 1*.

Illustrations by John Bigwood

A CIP catalogue record for this book is available from the British Library.

ISBN: 978-1-78055-503-4

1 3 5 7 9 10 8 6 4 2

Papers used by Buster Books are natural, recyclable products made from wood grown in sustainable forests. The manufacturing processes conform to the environmental regulations of the country of origin.

Layout designed by Barbara Ward

Printed and bound in May 2017 by CPI Group (UK) Ltd,
108 Beddington Lane, Croydon, CR0 4YY, United Kingdom

Contents

Introduction

What Is Sudoku?

Sudoku is a number puzzle that originated in Japan. The aim of the puzzle is to fill in all the missing numbers in a grid.

On the page opposite is an empty Sudoku puzzle grid. Each row has nine squares, each column has nine squares and each box has nine squares. When the puzzle is complete, **every column, row and box must contain each of the numbers from 1 to 9**, but only once.

In every Sudoku puzzle some of the numbers in the grid have been filled in already. You have to work out the numbers that go in each of the empty squares.

Sudoku experts are very patient. To solve a puzzle you need to use your brain and keep trying!

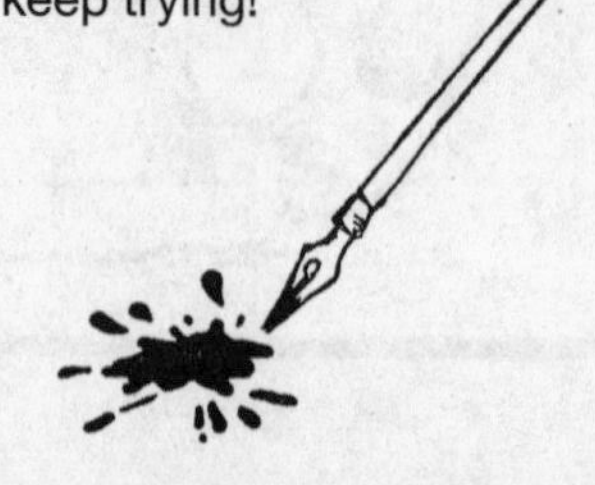

This is a Sudoku puzzle grid.

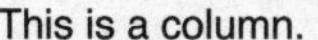

This is a column.

This is a row.

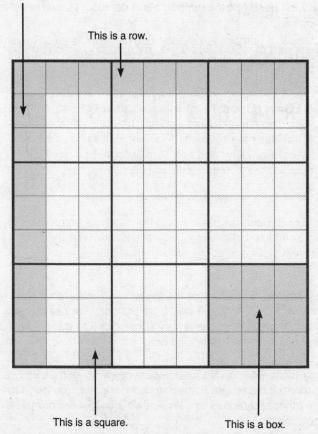

This is a square.

This is a box.

How Do I Solve A Puzzle?

You don't need to be a mathematical genius, you just need to be logical.

Here is part of a Sudoku puzzle. Try guessing which number is missing in the top row of the grid and the right-hand box.

8	4	6	2		1	3	5	7
						2		1
						6	4	8

Easy, isn't it? If you look at the top row, you can see that it contains 1, 2, 3, 4, 5, 6, 7 and 8, so the only number missing is 9 and there is only one empty square for it to go in. The same is true of the right-hand box.

Sadly those fiendish Sudoku people rarely make it as easy as this to work out where a missing number goes. You need to learn other techniques to help you work out where numbers should go.

Row By Row

In the example below, you will see that the box in the middle and on the right both contain the number 1. Where does 1 go in the left-hand box?

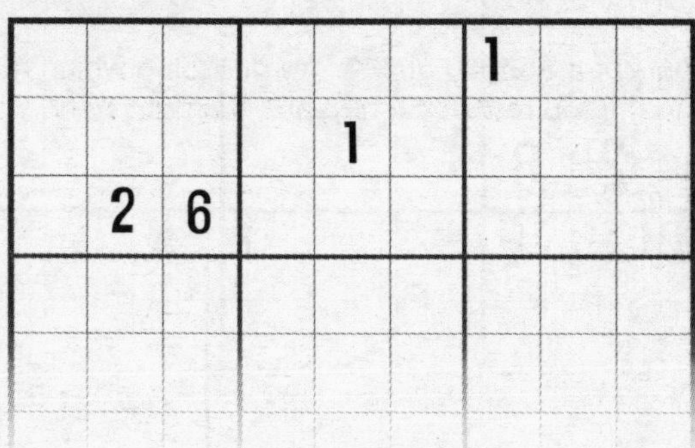

Well, you know that the top row already contains the number 1, so no other square in that row can contain 1.

						1		
				1				
	2	6						

You know that the second row already contains the number 1, so no other square in that row can contain 1.

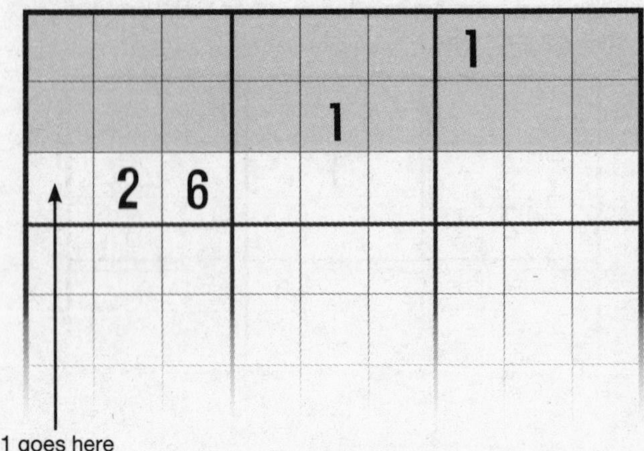

This leaves the third row and, as you can see, the third row in the left-hand box only has one empty square, so the missing number 1 must go in there.

See, you got your answer by a process of elimination. That means you decided where the 1 went by working out all the squares that it couldn't go in.

Column By Column

Here is another bit of a Sudoku puzzle. You will see that the box in the middle and on the right both contain the number 1. Where does 1 go in the left-hand box?

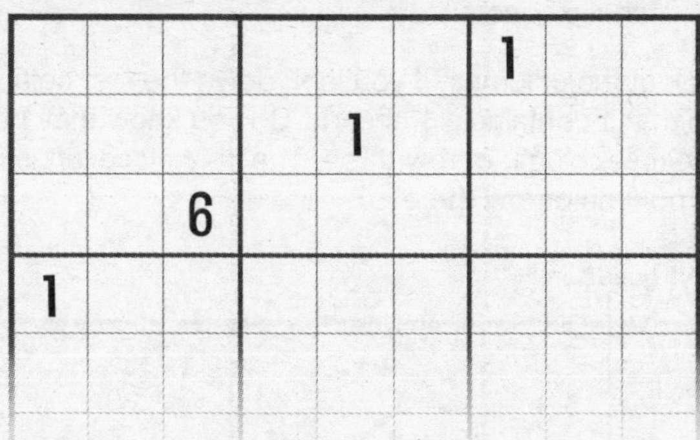

Well, you know that the top row contains the number 1, so no other square in that row can contain 1.

						1		
				1				
		6						
1								

You know that the second row contains the number 1, so no other square in that row can contain a 1.

This leaves the third row. You can see that there are two empty squares in this row in the left-hand box. So number 1 might go in either of these squares.

Now look at the columns. If you look down the first column you can see that it contains a 1 already. So you know that 1 can't go in the first column of row three. The only place left is in the second column of row three.

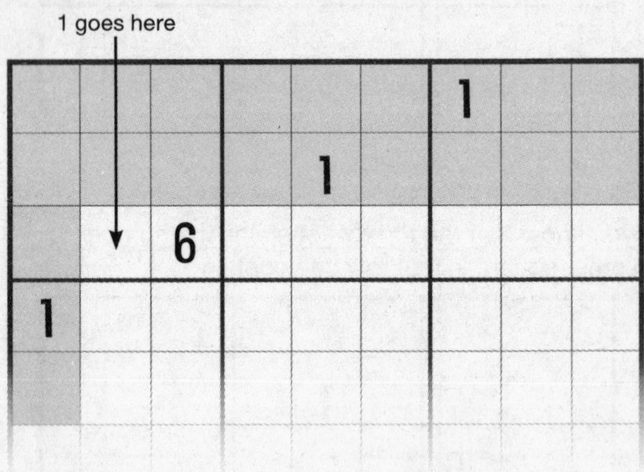

Box By Box

The final skill you need is to use the boxes to help you place numbers. Where does the 1 go in the right-hand box below?

3	7			1				
9	4						5	
								1
		1						

From the columns and rows you know that number 1 does not appear in any of the squares shaded in below.

3	7			1				
9	4						5	
								1
		1						

Now use the left-hand box to help you.

You know that the 1 in this box cannot be on the second row, or in the third column.

That leaves two possible squares in the top row. So you know that number 1 in the left-hand box must appear on the top row.

This means that 1 cannot appear in the top row in the right-hand box. Eliminate all these squares and eliminate the ninth column because of the 1 in the fourth row.

Now you can see that there is only one square in which the 1 can go in the right-hand box.

1 goes here

?	?							
3	7			1				
9	4						5	
								1
		1						

How To Use This Book

The puzzles in this book are divided in to four levels depending on difficulty.

Beginners will taunt and tantalize you as you start to Sudoku.

Intermediates will tickle and pickle your brain, perfecting your new-found skills.

Advanced if these don't boggle your brain you are guaranteed a place in the Sudoku Hall of Fame.

Ace Puzzlers what can we say? These puzzles are so hard they should carry a health warning! If you can solve one of these you are Sudoku Master of the Universe.

So get Sudoku-ing. You can check your answers at the back of this book where you will find all the solutions to the puzzles.

Hot Tips And Help

1. When you start a puzzle look out for rows, columns and boxes which have lots of numbers already filled in. It is often easy to complete these.

2. Look for numbers that already appear frequently in an unsolved Sudoku grid and work out the other positions of these numbers.

3. When you place a number, it's a good idea to see if you can fill in the same number elsewhere in the grid.

4. Never just guess a number. Every puzzle in this book has all the information you need to work out where the numbers go.

5. Copy or trace over the grid opposite and use it to have another go at a puzzle if you find you have gone wrong.

6. The best way to become a super Sudoku solver is through patience and practice.

Level One:

Beginners

Puzzle 1

9	7	1	5	3	2	4	8	6
4	8	5	6	7	9	3	2	1
2	6	3		4	8	7	5	9
5	3	8	2	9	1		7	
6	9		8		4		1	3
	4		7	6	3	8	9	5
8	1	9	4	2		5	3	7
7	2	4	3	1	5	9	6	8
3	5	6	9	8	7	1	4	2

BEGINNERS  **Time ....**

Puzzle 2

3	5	2	8	7	1	4	6	9
	4	6	2	3	5	8	1	
1	7	8	9	4	6	5	2	3
2	8	7	5		9	6	3	4
	3	9	7		4	1	8	
5	1	4	6		3	7	9	2
7	9	1	3	5	8	2	4	6
	6	5	4	9	2	3	7	
4	2	3	1	6	7	9	5	8

Puzzle 3

5	1	8	4	9		3		2
6	2	3	1	5	8	4	9	7
4		9	2	6	3	1	8	5
2	3	5	7	1	6		4	9
8	9	6	3		4	5	7	1
7	4		5	8	9	2	3	6
9	8	2	6	3	5	7		4
3	5	4	9	7	1	6	2	8
1		7		4	2	9	5	3

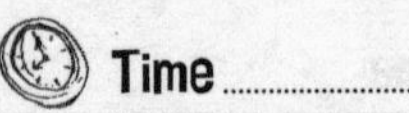

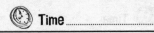

Puzzle 4

7	6	9	1	2	3	8	4	5
1	8		9	4		2	3	6
4	3	2	6	5	8	7		9
9		3	5	7	4	1	6	8
8	5	1	3		6	4	7	2
6	7	4	2	8	1	5		3
2		6	7	1	5	3	8	4
5	1	8		3	9		2	7
3	4	7	8	6	2	9	5	1

Puzzle 5

2	1	6	5	7	3	4	8	9
4		8	9	6	2	5	1	3
	9		1	8	4	2	7	6
5	2	9	3	1		8	4	7
1	8	4	2		7	6	3	5
7	6	3		4	5	9	2	1
6	3	1	4	5	8		9	
8	5	2	7	3	9	1		4
9	4	7	6	2	1	3	5	8

BEGINNERS  **Time** ....

Puzzle 6

6	8	3	9	7	4		5	1
1	2		6	8	3	9	7	4
	7	9	5	2	1	8		3
3	4	1	8	9	6	5	2	7
8	6	7	3		2	1	4	9
5	9	2	4	1	7	3	8	6
2		6	7	3	8	4	9	
7	5	8	1	4	9		3	2
9	3		2	6	5	7	1	8

Puzzle 7

1	4	7	2	5	6	3		8
	3	8	4	9	1	7	2	6
9	6		3	7	8		1	5
7	2	6	9	1	3	5	8	4
4	9	5	8		2	1	3	7
3	8	1	7	4	5	9	6	2
6	5		1	8	9		7	3
2	7	9	6	3	4	8	5	
8		3	5	2	7	6	4	9

BEGINNERS

Time ....

Puzzle 8

5	6	3	9	8	2	1		4
	4	2	6	7		9	5	8
7	9	8	1	5	4	6	3	2
2		1	7	4	9	8	6	5
8	5	6	3		1	7	4	9
9	7	4	8	6	5	2		3
4	8	5	2	1	7	3	9	6
3	2	7		9	6	5	8	
6		9	5	3	8	4	2	7

Puzzle 9

	9	2	8	1	7	3	6	5
8	1	3	5	6	4	7	9	
6	7	5	9	2	3	4	8	1
9	5	4		8	1	2	3	7
2		1	3		9	6		4
7	3	6	2	4		8	1	9
5	2	9	7	3	6	1	4	8
	4	8	1	5	2	9	7	6
1	6	7	4	9	8	5	2	

BEGINNERS  Time ....

Puzzle 10

5	6		7	9		1	3	2
8	3	2	6	1	4	5	9	7
7	1	9	3	2	5	6	4	
	4	8	1	6	7	3	2	5
6	2	1	4		3	8	7	9
3	5	7	2	8	9	4	1	
	9	3	5	7	6	2	8	4
2	7	6	8	4	1	9	5	3
4	8	5		3	2		6	1

Puzzle 11

4	3	7	8	1		5	6	2
6	2	1		5	4	3	9	8
8		5	2	6			1	4
1	4	3	9			6	2	5
	5	8		2		4	3	
2	7	6			5	1	8	9
3	6			9	7	8		1
7	1	4	6	8		9	5	3
5	8	9		3	1	2	7	6

Puzzle 12

5	1	2	3		4	9	8	6
7	8		6		9		4	1
9	6	4	1		5	2	3	7
8	4	7	5		2	6	9	3
		9		6		8		
2	5	6	8		3	1	7	4
3	2	8	7		1	4	6	9
4	9		2		6		1	8
6	7	1	9		8	3	5	2

Puzzle 13

2	1	3		5	4	6	8	7
4	6	8	2	7	3	1	5	
	9	5	8	1	6	3	2	4
		6	7		5	8	4	1
			4	3	1			
1	7	4	6		2	5		
9	4	2	1	6	8	7	3	
	8	1	3	4	7	9	6	2
6	3	7	5	2		4	1	8

Time ....

Puzzle 14

6		4		7		5	3	2
3	2	9			6		7	8
5	7	1	8	2		6	9	4
2	4	7	1	6		8	5	3
	9	3	2	4	5	7	1	
1	5	6		3	8	4	2	9
9	6	8		1	7	2	4	5
7	3		5			9	6	1
4	1	5		9		3		7

Puzzle 15

2	7	4		5		6		3
	1	9	4			7	2	5
6	3	5	8	7		1	9	4
7	5	8	1	2	3		6	9
3	4	6		9		2	1	8
1	9		6	8	4	3	5	7
4	8	1		6	5	9	7	2
5	2	3			9	8	4	
9		7		4		5	3	1

BEGINNERS  Time ....

Puzzle 16

1		2			8	4	5	
7	4	5		9	1	8	3	2
8	9	3		4		1	6	7
3	1	7	4	6	5		9	8
5	8	9		2		6	7	4
6	2		7	8	9	3	1	5
9	3	8		5		7	4	1
2	7	1	9	3		5	8	6
	5	6	8			9		3

Time ....

BEGINNERS

Puzzle 17

	6	4	5	2	1	8	3	9
	3			9	7	6		
9	2	1	8	3	6	5	7	
3	9	2	1		8	7	4	5
	1	7	2	4	5	3	9	
5	4	8	3		9	1	6	2
	7	9	6	8	2	4	5	3
		3	7	1			8	
4	8	6	9	5	3	2	1	

Time ....

Puzzle 18

7	4	1	5	9		3	8	2
3		6	2	4	7	1	9	5
2	9	5	1	8	3	6		7
9	7	2			8		1	4
		4		5		8		
1	5		4			7	3	6
5		3	9	7	2	4	6	8
4	6	9	8	3	5	2		1
8	2	7		1	4	9	5	3

Puzzle 19

8	9	2	5		3	6	7	4
1	5	3	6	4	7	9		8
4		6	9	2	8	1	3	5
5	3	4		6				2
	6	1		7		5	8	
7				5		4	6	9
3	8	7	1	9	5	2		6
2		9	7	8	6	3	5	1
6	1	5	2		4	8	9	7

Puzzle 20

2	3	5	6		8	7	4	9
8	7	4	2		5	1	6	3
	1	6	7		3	2	5	
6	4	7	3		1	5	9	2
1				2				6
3	9	2	5		4	8	1	7
	8	1	4		6	9	2	
4	2	3	8		9	6	7	1
5	6	9	1		2	3	8	4

Puzzle 21

7	6			4		2	8	5
1	4	9	2		8	3	6	7
2	5	8		3		9	4	
5	8	4	1	9		7	3	6
3		1	6	7	4	5		8
6	7	2		8	5	1	9	4
	1	5		2		6	7	3
8	2	7	5		3	4	1	9
9	3	6		1			5	2

Puzzle 22

	8	1		2	3	6	9	7
3	7	4		6	9	8	2	1
2	6	9	7			3		5
8	1	2		3	6	5	7	4
4	3			1			6	9
6	9	7	2	4		1	3	8
7		8			4	9	1	3
1	4	6	3	9		7	5	2
9	5	3	1	7		4	8	

Puzzle 23

5	6	4		7	2	8	3	9
7	9	2				1	4	
8	1		9	4	6	7	2	5
6	4	5	8	9		3	7	2
1		9		6		5		4
3	8	7		2	5	9	6	1
4	5	6	7	3	9		1	8
	7	8				6	5	3
2	3	1	6	5		4	9	7

Puzzle 24

5		8	6	2		1	4	3
9	2	4		3	1	5	6	7
1	6	3	7	4	5	8	9	
6	3	1					8	5
7	9	2		5		6	3	1
4	8					7	2	9
	4	9	3	1	7	2	5	6
2	1	6	5	9		3	7	8
3	5	7		8	6	9		4

Puzzle 25

2	1	5	8	4	7	3	6	
	4	8	3	1	6	2	7	5
7	6	3	5	2		1	8	4
	9	4	2		5			
6	8	7		9		5	4	2
			7		4	6	9	
1	3	9		5	8	4	2	7
4	7	2	9	3	1	8	5	
	5	6	4	7	2	9	3	1

BEGINNERS  Time ....

Puzzle 26

9		6		2	7	1	4	
5	4	1		6	3	7	2	8
7	8	2	4			9	6	3
2	6	9		4	5	3	8	7
3	7			8			1	9
8	1	4	7	3		2	5	6
4	5	3			6	8	7	1
6	2	7	3	1		5	9	4
	9	8	5	7		6		2

Puzzle 27

7	5	2		9	1	8	3	6
3		9				7	1	2
8	6	1	2	3			5	9
	1	8	3	7	5	9	6	4
6	7	5		4		2	8	3
4	9	3	6	2	8	5	7	
1	2			8	3	6	9	7
5	3	7				1		8
9	8	6	7	1		3	2	5

BEGINNERS  Time ....

Puzzle 28

9	2	4	8	5	7	3		6
5	1		4	9	3	8	7	2
3	7	8		2	1	9	4	5
1	8				6		9	3
	6	2		7		1	5	
7	9		5				6	4
8	4	7	9	3		6	2	1
2	3	9	1	6	4		8	7
6		1	7	8	2	4	3	9

Puzzle 29

5	9	8	6	4		2	7	3
1	3	2				8	4	6
	6	4	2	3			5	1
8	5	1	3	7	2	4		9
6	4	3		5		1	2	7
9		7	4	1	6	5	3	8
4	1			8	5	3	9	
3	7	9				6	8	5
2	8	5		6	3	7	1	4

BEGINNERS

Time ....

Puzzle 30

9	8		2	3	1		5	4
3	7	2	8		5	9	1	6
1	5	4	9		6	3	8	2
4	6	9	5		2	8	3	7
				8				
8	3	1	7		4	6	2	5
6	9	3	4		8	5	7	1
5	4	8	1		7	2	9	3
2	1		3	5	9		6	8

Puzzle 31

4	2	6	5	7		8	9	1
7	5	9	8	1	6	3		2
3	1		2	4	9	6	7	5
2		4	1			7		3
		1	7	9	8	2		
6		7			4	5		9
1	7	5	9	8	2		3	6
9		3	6	5	7	1	2	8
8	6	2		3	1	9	5	7

Level Two: Intermediates

Puzzle 32

6	3			5			9	8
4	9	5				7	2	3
8	1	7				6	5	4
3	8	6	9		5	4	1	7
9		1		3		2		5
2	5	4	6		7	3	8	9
5	2	9				8	4	6
1	6	3				5	7	2
7	4			6			3	1

INTERMEDIATES

Time ....

Puzzle 33

1		8	3	7	5	2		6
5	7	9	4		2	3	8	1
3	6	2	8		9	5	4	7
		4		5		6		
7				9				2
		6		4		8		
9	1	3	5		6	7	2	4
6	8	7	9		4	1	3	5
4		5	1	3	7	9		8

Puzzle 34

	5	1				8	4	
3	8	4		5		2	7	6
6	7	2				5	1	9
1	3	9	7		8	4	2	5
2			3	1	5			7
5	6	7	4		2	1	3	8
4	9	3				6	5	2
8	2	6		3		7	9	1
	1	5				3	8	

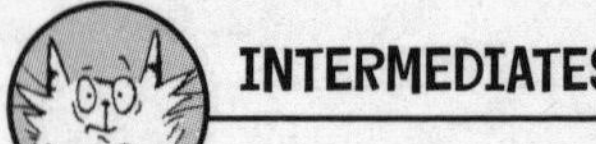

Time ....

Puzzle 35

4	8	2		9		5	3	1
3	7	1	8		5	6	2	9
9		6	1		2	4		7
2		7	3		9	1		8
				7				
5		3	4		8	7		2
6		5	9		1	8		3
7	3	9	5		4	2	1	6
1	2	8		6		9	5	4

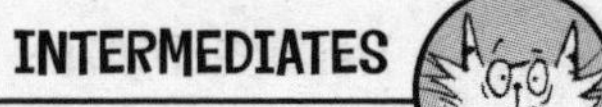

Puzzle 36

8		2				5		9
7	6	3	1	5		4	8	2
5	4	9		8	2	7	3	1
	3			1	4	6	5	
	9	4		2		3	1	
	5	8	7	3			9	
4	2	5	8	6		9	7	3
9	8	6		4	7	1	2	5
3		1				8		6

Time ....

Puzzle 37

	9	7				4	8	
2	8	5		9		1	3	7
1	3	4	7		2	9	6	5
	5	8	2	6	3	7	4	
			9	4	8			
	6	3	1	5	7	8	2	
8	2	9	3		6	5	1	4
5	4	1		2		3	7	6
	7	6				2	9	

Puzzle 38

5	7	8				4	2	6
6	3	4	5		2	1	9	8
1		9				7		3
3	6	5		4		8	7	2
	8	2		5		9	3	
9	1	7		3		5	6	4
8		1				2		9
7	9	6	1		4	3	8	5
2	4	3				6	1	7

INTERMEDIATES

Time ....

Puzzle 39

8	9		4	3			2	6
	2	4	9	5	6	8	1	3
	3	5	2	8	1	4	9	7
	7	6		9			4	1
				1				
9	1			4		3	7	
1	6	2	5	7	8	9	3	
3	5	9	1	2	4	7	6	
4	8			6	9		5	2

Puzzle 40

2	3	9		1	4	7	5	6
1	4	8	7	6		9	2	3
5	7			3		8	1	
4	9			8	3			2
	2			5			9	
6			4	2			8	7
	1	2		9			4	5
3	8	5		4	6	1	7	9
9	6	4	5	7		2	3	8

Time ....

Puzzle 41

1	2	3	4		6	7	5	8
9	4	5	1	7	8	2	6	3
	6	7	2	3	5	4	1	
	9						8	
		8		5		1		
	7						2	
	5	2	8	4	9	6	3	
3	8	6	7	2	1	9	4	5
4	1	9	5		3	8	7	2

Puzzle 42

5	3	4				1	6	9
9	7	2	1		3	5	8	4
1		8				2		3
4	1	5	6		7	3	9	8
		7		1		4		
6	9	3	4		8	7	2	1
7		6				8		2
3	8	9	2		1	6	4	5
2	5	1				9	3	7

Puzzle 43

4	2	9						3
	7	5		2			9	
3	6	1		5	9	8	7	2
1	8		7	6	2	9	4	5
6	5	7		4		3	2	8
9	4	2	3	8	5		1	6
7	1	4	2	3		5	8	9
	9			7		1	3	
5						2	6	7

Puzzle 44

8		5	3	2	7	1	4	6
		7	4					3
1		3		5		7	8	2
7	3	1	9	6		4	5	8
9		2		4		6		1
4	8	6		7	5	2	3	9
3	7	8		1		9		4
5					4	8		
2	1	4	7	9	8	3		5

Time ....

Puzzle 45

2	7	9	8	1	6	5		3
5	8	6		3	4	1	9	7
	4	1	7			6	2	8
6							1	5
8	3			7			6	2
1	2							9
7	1	8			3	2	5	
4	6	2	5	8		9	3	1
9		3	1	6	2	8	7	4

Puzzle 46

2	7	9	1		5	3	8	6
	5	8				4	9	
3	4	6	9		2	7	5	1
	2		8	7	9		6	
7			6	2	4			8
	6		5	1	3		2	
9	8	2	7		1	6	4	3
	3	7				2	1	
4	1	5	2		6	8	7	9

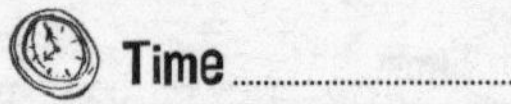

Puzzle 47

6		5		7		3		2
9	8	1	6		3	4	5	7
7	2	3	5	4	8	9	6	1
4		6				5		9
			2	9	7			
3		2				7		8
8	3	4	9	5	2	1	7	6
1	5	7	3		6	2	9	4
2		9		1		8		5

Puzzle 48

9	5	3	6		8	4	7	2
6	8	2	4		7	5	3	1
	4	1	3	5	2	8	9	
	6			3			8	
			5	2	4			
	7			6			2	
	3	5	9	7	6	2	4	
8	2	6	1		3	9	5	7
4	9	7	2		5	6	1	3

Puzzle 49

7		6	8	5	4	9		3
5	4	1	3	2		6	7	8
8	9	3	6	7	1	4		5
		8		4				1
		5		1		3		
6				8		5		
3		2	1	6	7	8	4	9
4	6	9		3	8	1	5	7
1		7	4	9	5	2		6

Puzzle 50

	7	8	4	3	6	5	1	2
5	2	4	8	7		6	9	3
3	1	6						
	6	5		4		2	3	8
	9	7		2		1	4	
2	4	3		1		7	5	
						8	2	4
4	3	1		8	2	9	6	5
6	8	2	5	9	4	3	7	

Puzzle 51

<table>
<tr><td>5</td><td>8</td><td></td><td></td><td></td><td></td><td></td><td>6</td><td>2</td></tr>
<tr><td>9</td><td>1</td><td>2</td><td>6</td><td></td><td>4</td><td>7</td><td>3</td><td>5</td></tr>
<tr><td>6</td><td>7</td><td>4</td><td>3</td><td>5</td><td>2</td><td>9</td><td>1</td><td>8</td></tr>
<tr><td>7</td><td>3</td><td></td><td></td><td>4</td><td></td><td></td><td>9</td><td>6</td></tr>
<tr><td></td><td></td><td></td><td>7</td><td>9</td><td>5</td><td></td><td></td><td></td></tr>
<tr><td>8</td><td>2</td><td></td><td></td><td>3</td><td></td><td></td><td>4</td><td>7</td></tr>
<tr><td>1</td><td>4</td><td>8</td><td>5</td><td>2</td><td>3</td><td>6</td><td>7</td><td>9</td></tr>
<tr><td>2</td><td>9</td><td>6</td><td>8</td><td></td><td>7</td><td>3</td><td>5</td><td>4</td></tr>
<tr><td>3</td><td>5</td><td></td><td></td><td></td><td></td><td></td><td>8</td><td>1</td></tr>
</table>

Puzzle 52

9	5		7		4		2	8
7	8	3	1		2	9	4	5
6	2	4	8		9	3	1	7
		6	5		3	8		
2				4				1
		5	9		1	4		
1	9	2	3		6	5	7	4
3	6	7	4		5	2	8	9
5	4		2		7		6	3

Puzzle 53

4	5	1	9		7	6	2	3
	9	3	4	1	6	5	7	
8	7	6	2	5	3	9	4	1
			3		5			
		4		2		3		
			1		8			
5	1	2	8	9	4	7	3	6
	4	7	5	3	2	8	1	
9	3	8	6		1	4	5	2

Puzzle 54

7	5			9			8	6
2	6	9	1		8	3	4	5
8	1	3	6		5	9	2	7
	3		4		6		7	
4			3	1	2			9
	2		9		7		3	
5	4	8	7		1	2	9	3
3	7	6	8		9	5	1	4
1	9			3			6	8

Time ....

Puzzle 55

8		2	7		9	1		4
3	5	7	6		1	8	2	9
1	9	4	8		5	3	6	7
			3		7			
2	3	1		6		4	7	5
			4		2			
7	4	3	2		6	5	9	1
6	1	9	5		4	2	8	3
5		8	1		3	7		6

Puzzle 56

8	6	3	7		2	4	5	9
4	9	2	6		5	1	3	7
5	7						2	6
	5	8		3		2	6	
1			9	2	8			3
	2	7		5		9	4	
6	8						9	4
2	3	4	8		9	7	1	5
7	1	9	5		3	6	8	2

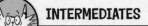

Time ....

Puzzle 57

1	4	9	7		6	3	8	2
6	5	2	4		3	1	7	9
	3	7		2		5	4	
		5	8		4	2		
2	1			9			3	8
		4	6		2	7		
	6	3		7		8	1	
4	2	8	3		1	9	5	7
5	7	1	9		8	6	2	3

Puzzle 58

	9	7	1	6	3	8	5	
5	1	3	9		4	2	6	7
4	6	8	7	5	2	9	3	1
		2				1		
	4			3			8	
		6				3		
6	2	1	4	7	8	5	9	3
9	8	4	3		5	6	7	2
	3	5	6	2	9	4	1	

INTERMEDIATES

Time ....

Puzzle 59

2	3	6	9		1	7	5	8
	9	5		7		2	1	
7	1	8	5		3	4	6	9
		3	2	8	5	1		
			3	1	4			
		2	6	9	7	3		
5	2	9	7		8	6	4	1
	8	1		5		9	3	
3	7	4	1		9	8	2	5

Time ....

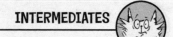

Puzzle 60

	8	1				7	3	
3	7	4	6		8	1	5	9
5	9	2				4	8	6
8	6	3	4		5	2	7	1
	1			6			4	
4	2	9	3		1	8	6	5
1	5	8				6	9	7
9	3	6	1		7	5	2	4
	4	7				3	1	

Time ....

Puzzle 61

3		1	5	2	6	4	9	8
	5	8		4	9		6	3
4		6	3	8	7	1	2	5
			7	5	1			
	1		8	6	3		7	
			2	9	4			
1	3	4	6	7	2	8		9
8	2		4	1		6	3	
7	6	5	9	3	8	2		1

Puzzle 62

5	7	3	9	1	4	2	6	8
2	1	8	7		3	9	5	4
	4	9		5		7	3	
	8	4				5	1	
			4	8	1			
	2	6				8	4	
	3	2		4		1	8	
4	5	1	8		6	3	9	7
8	6	7	1	3	9	4	2	5

Time ....

Puzzle 63

4	6	8				3	2	9
3	2						1	7
1	7	5	2	3	9	6	4	8
9	8	2	5		1	7	3	6
				2				
5	3	4	8		7	2	9	1
8	5	6	3	9	4	1	7	2
7	9						6	4
2	4	1				9	5	3

Puzzle 64

5	2	4	1	7	8	3	9	
9		3	2	6		5		
6	8	1	5	9	3		2	7
		5	3	4		6		8
		7		2		1		
1		8		5	7	2		
3	4		7	8	5	9	1	2
		9		3	2	7		5
	5	2	9	1	6	8	3	4

Puzzle 65

6			5	1	3	4	7	8
1	5	4	8	6	7	3		2
3			9		2	6	5	1
2	4	1	7					
8			1	2	4			9
					8	1	2	4
5	1	3	6		9			7
4		8	2	3	5	9	1	6
9	2	6	4	7	1			3

Puzzle 66

4	3	1				7	5	9
9		2		1		4		6
5	6	7	4		3	2	1	8
6	7	3				9	2	4
1	5			2			8	7
2	9	8				5	6	1
3	2	9	1		6	8	7	5
7		6		8		1		2
8	1	5				6	4	3

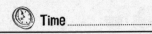

Puzzle 67

2	9	3	7		1	6	5	8
5	4	8		3		1	7	9
6		1		9		2		4
7	8	2				5	4	1
			5	7	2			
9	3	5				7	6	2
4		9		2		3		5
3	5	7		8		4	2	6
8	2	6	3		4	9	1	7

Puzzle 68

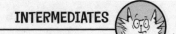

2	6	3	8	9		5	4	1
5	7	4	1	6			8	3
	1	8	4	3	5	2	7	6
				5			6	
8	9			1			2	5
	4			2				
6	8	1	2	4	3	7	5	
7	5			8	1	4	3	2
4	3	2		7	9	6	1	8

Puzzle 69

6	3	2	9		1	5	7	4
7	5		2		4		3	9
9	8	4				2	1	6
1	6		5		7		9	2
			4	9	8			
5	4		6		2		8	3
3	2	7				9	6	8
8	9		3		6		4	7
4	1	6	8		9	3	2	5

Puzzle 70

	4	3	7		2	9	8	
8	7	9	3		5	2	4	1
5	2	1	4		9	3	6	7
4			8	3	7			6
				2				
1			5	9	6			2
3	8	4	6		1	7	2	9
2	6	5	9		8	1	3	4
	1	7	2		3	6	5	

Time ....

Puzzle 71

5	3	6	7		1	8	9	2
8	1	7	3		2	6	4	5
	4	2		6		1	7	
		8	2	1	6	9		
			4	5	3			
		1	8	7	9	5		
	6	3		8		4	2	
2	9	5	6		4	7	8	1
1	8	4	9		7	3	5	6

Puzzle 72

4	9		5	2	6		7	3
			9		8			
			3	4	7			
9		2				4		7
		7	4		3	2		
8		3				9		5
			1	7	9			
			2		5			
7	2		6	3	4		8	9

Puzzle 73

		6				8		
8		7				4		5
3		4	5	8	1	7		6
	4	8				9	7	
			7		9			
	6	9				3	5	
6		3	2	9	5	1		7
1		5				6		2
		2				5		

Puzzle 74

			9	5	6			
9			2		3			8
		3	4	7	8	1		
2	6						9	7
		7	8		2	5		
5	9						1	3
		2	1	6	4	9		
8			7		5			1
			3	8	9			

Time ....

Puzzle 75

3			8	2	9			5
	8		3	4	5		7	
	9		7		6		3	
		6				2		
9			6		2			7
		3				5		
	5		9		3		2	
	7		1	8	4		5	
6			2	5	7			4

Puzzle 76

			8	6				
	9	6	5	4			2	
				3	9		7	
		9		2			3	1
6	7	4	3		8	2	5	9
1	2			9		4		
	5		6	7				
	4			5	2	9	6	
				8	3			

Puzzle 77

	7	4				1	6	
8		6				2		5
	1	5		7		8	3	
		3	8		6	7		
	2						5	
		9	2		3	4		
	3	2		6		5	8	
9		8				6		1
	6	7				9	2	

Puzzle 78

				3	8		5	
8	5			6	9		4	
			7	2				
3	2			9		1		
4	8	9	5		3	6	7	2
		6		8			3	5
				7	6			
	4		8	5			9	6
	6		9	4				

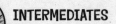

Time ....

Puzzle 79

		6	8	3	2	5		
	3		7		1		6	
7			5		4			2
		7	6		3	1		
3								6
		5	9		8	7		
8			2		5			7
	7		3		9		5	
		1	4	7	6	8		

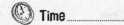

Puzzle 80

			4	1				
	5		2	6		9	4	
	3			5	9			
		4		7			1	9
5	8	9	3		1	4	6	7
6	7			8		5		
			6	9			7	
	1	3		4	2		8	
				3	5			

INTERMEDIATES

Time ....

Puzzle 81

	2			7			1	
6		5		8		9		7
1				9				6
		8	9	2	7	6		
	9		8		5		4	
		2	6	4	3	1		
9				5				1
2		1		3		5		9
	8			6			3	

Puzzle 82

	2		8		5		7	
3			9		1			6
			4	7	6			
1		2	5		7	6		3
		8				2		
6		3	2		9	4		7
			1	5	8			
8			6		2			4
	6		7		3		1	

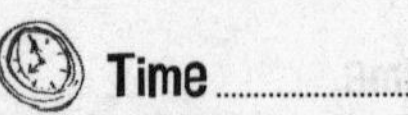

Puzzle 83

		4		9			3	
	1	9		7	2	8		6
8				5	3	2		
			6	8	7			
	6		3		5		1	
			9	4	1			
		5	2	1				9
2		1	7	3		5	6	
	8			6		1		

Puzzle 84

			5	9	1			
			2		6			
	5	9	7		4	2	6	
4		5	6		8	1		9
	2						4	
3		1	4		9	7		2
	4	3	9		7	6	5	
			8		2			
			3	4	5			

INTERMEDIATES

Time ....

Puzzle 85

	9	7		4		3		
				8				4
1		5		3		8		2
			4	2	8			
7	8	4	3		6	5	2	9
			9	5	7			
4		1		6		9		3
5				9				
		2		7		1	5	

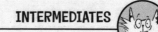

Puzzle 86

	2	9		3		5	6	
		8		6		7		
1			8	9	7			4
			5	4	2			
		5	7		3	9		
			9	8	6			
6			1	5	4			9
		4		2		6		
	9	1		7		2	4	

Puzzle 87

8			3	1			2	
				4	5	8		
	5			9				7
	4		5	7	1	6	8	9
			8		9			
7	8	9	6	3	4		5	
1				5			6	
		5	1	6				
	6			8	7			1

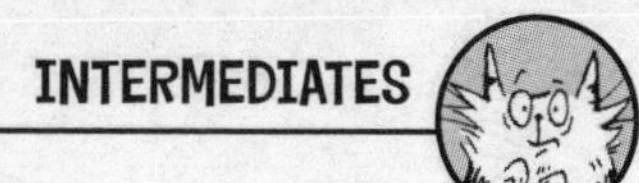

Puzzle 88

7			1		8			2
	1			3			8	
6	3	8	4		5	1	9	7
			9		2			
		1				3		
			3		1			
9	8	5	6		7	2	1	3
	4			5			7	
3			2		9			4

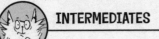

Puzzle 89

2		8				3		9
6	7	3	1		9	8	5	4
			8	3	5			
1								6
			2		1			
9								5
			9	6	2			
5	2	4	3		7	9	6	1
7		6				2		8

Puzzle 90

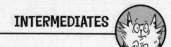

			5		4			
	8		2	6	1		5	
3		2	7	9	8	1		4
1								8
		8	6		2	4		
5								9
6		5	4	8	9	2		1
	4		1	7	5		8	
			3		6			

Puzzle 91

				5		1		
		4	1	3				
3		5	2	8		7	4	
				6		9	8	
4	9	8	3		2	5	6	7
	5	1		9				
	3	6		7	1	2		4
				2	8	3		
		9		4				

Puzzle 92

	3	7	6		5	9	4	
		4		3		1		
	8	6				5	2	
		9	1		7	3		
7								5
		8	5		9	7		
	9	1				8	5	
		3		5		2		
	2	5	4		1	6	3	

Time ....

Puzzle 93

	1		6	9	8		5	
				5				
	8	5		7		4	6	
		1		6		5		
5	7	6	3		4	8	9	2
		4		8		7		
	5	8		4		9	2	
				2				
	9		8	3	1		4	

Puzzle 94

			2	8	6			
				9		1		
	3	8		4		5		
2			9	6	4			1
5	8	6	7		2	9	3	4
1			8	3	5			7
		7		5		6	1	
		9		2				
			6	7	1			

Puzzle 95

	9						7	
	8	4	1		7	2	9	
7	3			4			6	5
	2	3				9	8	
			8		6			
	5	7				3	1	
3	4			7			5	2
	6	2	5		4	7	3	
	7						4	

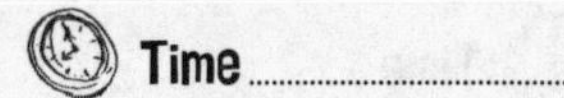
Time ....

INTERMEDIATES

Puzzle 96

	1		2	5	9			
	5			4			3	2
			8	3				
1				6		3		9
3	9	2	4		7	6	5	8
5		8		9				7
				7	3			
4	7			8			6	
			1	2	4		7	

Time ....

Puzzle 97

2		5	9		8	6		3
4			1	7	6			8
7	6						9	4
9								6
			3		4			
8								5
6	9						3	1
5			8	3	9			7
3		4	7		1	5		9

Puzzle 98

			2	8	3			
6	8	7	4		9	3	5	2
	2						4	
	7			9			6	
9	6						3	7
	1			5			2	
	3						1	
2	9	1	7		5	6	8	3
			1	3	2			

Puzzle 99

9	5	2		3		8	6	7
	8						3	
	3	7				4	9	
	6		2		1		4	
5								8
	4		8		9		1	
	2	5				9	7	
	7						8	
4	9	1		8		2	5	6

Puzzle 100

1			8	6		5		7
	8			4			9	
2				9	7			
		2		5				8
5	3	1	4		8	6	7	9
7				1		4		
			9	3				5
	7			8			1	
4		9		7	5			3

Puzzle 101

	2		7	3	8		1	
5			9		1			8
			5		4			
	7	1	6		9	2	8	
		4				1		
	8	9	1		7	6	5	
			4		2			
8			3		5			1
	1		8	7	6		2	

Level Three: Advanced

Time ....

Puzzle 102

3	8	1	2	7	9		6	
				5	3			
	2	7	4	8	6			
			3		4	6		9
	7		9		8		5	
6		9	7		5			
			5	3	2	4	9	
			6	4				
	6		8	9	7	2	1	5

Puzzle 103

		3				9	1	
7		1		8		5		
5	6	8	9	3		7	4	2
				9		8		
	8	7	5		4	6	9	
		4		6				
8	1	9		4	5	3	6	7
		5		7		4		1
	7	6				2		

ADVANCED

Time ....

Puzzle 104

<table>
<tr><td></td><td>5</td><td></td><td>4</td><td>7</td><td>9</td><td></td><td>2</td><td></td></tr>
<tr><td></td><td>4</td><td></td><td>3</td><td>8</td><td>2</td><td></td><td>6</td><td></td></tr>
<tr><td></td><td></td><td>3</td><td>6</td><td></td><td>5</td><td>7</td><td></td><td></td></tr>
<tr><td>3</td><td></td><td></td><td>9</td><td></td><td>6</td><td></td><td></td><td>7</td></tr>
<tr><td></td><td>8</td><td>5</td><td></td><td></td><td></td><td>4</td><td>9</td><td></td></tr>
<tr><td>6</td><td></td><td></td><td>7</td><td></td><td>8</td><td></td><td></td><td>5</td></tr>
<tr><td></td><td></td><td>2</td><td>8</td><td></td><td>1</td><td>3</td><td></td><td></td></tr>
<tr><td></td><td>3</td><td></td><td>2</td><td>9</td><td>4</td><td></td><td>7</td><td></td></tr>
<tr><td></td><td>6</td><td></td><td>5</td><td>3</td><td>7</td><td></td><td>8</td><td></td></tr>
</table>

Puzzle 105

8			5		3	2		
9			4	8	2	7	5	
		2	7	9	6			
	2	3			7			
	7	8	6		9	5	2	
			2			3	6	
			9	6	5	1		
	3	9	8	7	1			5
		6	3		4			9

Puzzle 106

	6		9	3	4	2		5
		2						
3				7				
7	2		8	6	3	5	9	4
5	3	4				6	2	8
8	9	6	2	4	5		3	7
				1				9
						4		
4		9	7	2	8		5	

Puzzle 107

			2	5	3			
		8	6		4	5		
3			7	9	8			6
1	8		4		7		5	9
9		3				6		7
4	7		9		5		8	3
5			3	7	1			4
		4	5		6	9		
			8	4	9			

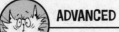

Time ....

Puzzle 108

6	8		5	3	2	4	7	9
5		4		8				6
2							3	
9			1		7			5
7	1						4	3
8			9		3			1
	5							2
4				1		8		7
3	6	7	2	9	8		5	4

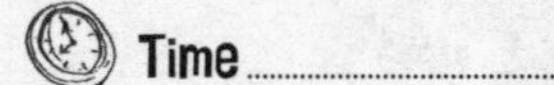

Puzzle 109

6	4		7		2		1	
		9	5				2	
	7		6	8	9		4	
			3	7	6			
7	9	3	2		4	5	8	6
			8	9	5			
	2		4	6	8		5	
	8				3	2		
	5		9		7		3	1

Time ....

Puzzle 110

	3		7			4	8	
8	6	9	5	3		2	7	1
4	7						5	
				5			6	9
	5		4		7		3	
7	2			9				
	8						2	4
6	9	7		4	3	5	1	8
	4	5			1		9	

Puzzle 111

7	5	8	1	3	9		6	4
9				5				7
			7					9
6			3		2	1		8
4	8						2	5
2		7	9		5			3
1					4			
8				1				6
5	6		8	9	7	4	3	1

ADVANCED

 **Time** ....

Puzzle 112

		6	8				5	
	2						6	
4	5	7		3	9	1	2	8
	7			5		3	9	6
	6		3		4		7	
1	8	3		9			4	
5	9	8	4	7		6	3	2
	4						8	
	3				5	7		

Puzzle 113

7	6	3	9	4	1		5	8
9		5						7
					5		6	9
2		4		3				5
5			7		8			3
6				5		8		1
3	7		5					
8						1		4
4	9		3	8	2	5	7	6

ADVANCED

Time ....

Puzzle 114

6	7		2	9	3	8	4	5
2					4			7
9				8				
4	5			1				6
7		8	5		9	1		3
3				7			5	9
				3				2
5			4					8
8	2	3	6	5	7		1	4

Puzzle 115

		9	7		5	6		
2			8	3	4			1
	1		2	9	6		7	
	5		6		8		9	
7		8				2		4
	6		9		2		3	
	4		3	6	9		2	
6			5	8	1			9
		3	4		7	5		

Puzzle 116

				7	3	8		
	3		8	9	5		6	
	8		6	4	2		7	9
			2		7	9	8	
		8	4		6	2		
	5	7	9		8			
1	2		5	8	4		9	
	4		7	6	9		3	
		6	3	2				

Puzzle 117

		4				9		
			2	5		7		
5	2	9	7	8	4	6		3
		6		9		3	4	
	7	8	4		1	2	5	
	4	2		3		8		
8		3	6	7	5	4	9	2
		5		4	3			
		7				5		

Time ....

Puzzle 118

7		5			6	9		4
						8	6	7
		8	2			3	1	5
6		2		9		4	7	
	7	1				2	8	
	9	4		1		5		6
9	5	6			8	7		
2	4	3						
1		7	5			6		3

Time ....

ADVANCED

Puzzle 119

	4		1	2			3	
	7	9	3	8				5
				5				
7	8	6	4	9	3	5		2
3			7		2			8
9		2	8	6	5	3	4	7
				4				
5				3	1	6	7	
	2			7	6		9	

Time ....

Puzzle 120

3		1		7				9
7	6	8	4					
4	5	9		3	6	7	2	8
2				4			5	
5								6
	1			9				4
6	8	7	9	5		3	4	2
					4	6	7	1
1				6		8		5

Puzzle 121

	9	6	8	4	3	7	5	
4			5	7	9			1
3			6		2			4
			4		1			
9		5				4		8
			3		8			
5			9		6			7
7			1	3	5			9
	1	9	7	8	4	5	6	

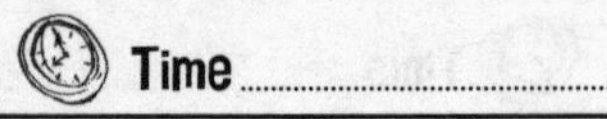

Puzzle 122

	1		9	8	3			
			1		4			5
		4			7	2		
1	9	6	4	7	2		5	8
4			8		5			7
7	8		3	6	9	4	1	2
		8	2			7		
6			7		8			
			5	4	6		8	

Time ....

ADVANCED

Puzzle 123

6	3			9			4	8
8			7		3			6
9								2
3	8	6	9		5	4	2	7
	4						9	
5	9	7	3		4	8	6	1
2								5
7			1		2			4
4	5			8			1	9

Puzzle 124

		3	5	7		9		
		5				6		
4	1	7	3	9		8	2	5
				4		7		9
3		9	7		2	4		6
7		6		8				
6	9	4		5	7	2	3	8
		8				1		
		2		6	4	5		

Puzzle 125

		8				6	5	
2		6	9			3		
3	9	7		5	6	2	4	8
		2		4			3	
		3	6		7	5		
	6			2		7		
6	2	5	4	7		1	8	3
		9			8	4		5
	3	4				9		

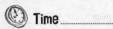

Time ....

Puzzle 126

4	9	2	6	7	8	3		5
				4	5			9
8								7
5	3			2				6
6	2		1		4		7	8
7				9			3	4
3								2
2			9	5				
9		5	7	8	2	4	6	3

Puzzle 127

			6	8	9			
		9	2	4	5	3		
6	5		7		3		8	4
9			5		8			2
4	3						5	7
5			4		7			3
1	7		9		4		3	8
		3	8	5	6	1		
			3	7	1			

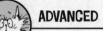

ADVANCED

Time ....

Puzzle 128

	1	5					8	
6	9		8	4	3	1	5	7
	4				5			3
	6	4		8			9	
	7		4		6		1	
	5			2		8	6	
4			9				3	
9	8	1	5	3	7		4	6
	3					9	7	

Puzzle 129

	2	1	9	5				
		6	1	8	4		9	
			6	2	7			5
			2	4	9		7	3
	1		7		8		5	
9	7		5	6	1			
6			8	9	5			
	9		4	1	6	2		
				7	2	5	6	

ADVANCED

Time ....

Puzzle 130

		9			3	5		
		7		4				
8		6	5	9	2	7	4	3
1		2		6		4		
	6	8	3		1	2	7	
		3		2		8		1
9	2	4	7	3	5	6		8
				8		9		
		5	6			3		

Puzzle 131

	3		8	4	1			
	9			3		2		
4				6		5		
7	4		3	2	5	8	9	6
	6		4		8		2	
2	8	5	6	7	9		4	3
		3		8				2
		7		9			5	
			1	5	3		6	

Level Four: Ace Puzzlers

Puzzle 132

		9		8			3	
7		5				2		
	8			7			9	1
			9	1	7			
9		6	4		8	5		7
			3	6	5			
4	1			5			6	
		7				8		4
	5			4		1		

Time ....

Puzzle 133

3			8	4		5		
	5	7		6				3
6			7	3		9		
	6			8				
	8	5				2	7	
				5			9	
		4		9	6			1
1				2		8	5	
		9		7	8			6

Puzzle 134

9				5	8			7
		7	3	6				
				2			8	
3				7			5	
2	4	5	9		6	3	7	8
	8			4				6
	3			8				
				9	5	6		
1			7	3				5

Puzzle 135

						4		
		7	3	5		1		
4	2			7			6	
			8	4	5		3	
	7	3	6		9	8	4	
	8		7	2	3			
	3			8			1	6
		8		9	6	2		
		2						

Puzzle 136

3			8	7				2
	7			2	1	8		
		6		4	3			
								4
5	2	9	7		4	6	1	8
6								
			6	1		2		
		1	4	5			8	
4				8	9			1

Puzzle 137

			4	2		8		
		6		8				
9				3			2	
			3	4	7			6
6	9	7	2		8	4	5	3
1			5	9	6			
	3			6				8
				7		2		
		8		5	3			

Puzzle 138

						2		
	8		4	5		9	1	
2	4			3				
			9	1	6		2	
	7	1	8		3	4	9	
	2		5	4	7			
				9			4	7
	5	2		7	1		8	
		9						

Time ....

Puzzle 139

2				5				6
	9		7	6			2	
		6				3		
			4	3	7		5	
7	6		9		5		3	8
	5		6	8	2			
		1				8		
	2			4	9		7	
3				7				9

Puzzle 140

5					7			2
	7		2	8			3	
				5				
9			4	2	6		8	
	6	8	3		5	9	7	
	4		8	7	9			3
				9				
	2			3	8		5	
3			5					1

Time ....

Puzzle 141

6		7			8			
					4	1	7	
		9		1	3			
			4	8	9		5	6
	4		3		5		1	
5	9		1	7	6			
			9	6		8		
	7	3	8					
			5			2		4

Puzzle 142

2				1	8		5	3
6	1			9			2	
				4				
1				2				
8	9	2	6		4	7	1	5
				8				6
				7				
	6			5			8	1
9	5		4	6				2

Puzzle 143

		5	1	9		7	2	
				6		3		5
7				5				
	2	6	3	4			8	
	7						4	
	4			8	9	6	5	
				7				2
1		3		2				
	8	7		3	6	9		

Puzzle 144

				8		1		
	2		6	3			8	
8			7	1				
				9		4	1	
3	5	4	1		7	8	6	9
	6	9		5				
				7	1			4
	8			6	9		2	
		6		4				

Puzzle 145

1								9
	9	3		7			4	
			6	9			8	
			5	6	7	4		
	8	7	1		4	9	6	
		4	2	8	9			
	1			2	5			
	2			4		1	9	
8								2

Puzzle 146

		2	7	6			4	
		5	1	3				
		3		8	2			
6			2	1	4		3	
4								1
	3		9	7	8			6
			6	4		2		
				2	3	9		
	1			9	7	3		

Puzzle 147

	4	7				1		
			7					9
2		5		9		3		6
			1	4	6		2	
		6	8		7	9		
	8		5	2	9			
1		9		8		2		4
8					1			
		2				7	1	

Puzzle 148

		5					6	
6	9			4	7		5	
				5				8
	4		8	3	6			
	6	3	4		5	7	8	
			7	9	2		3	
9				7				
	8		9	2			7	1
	2					3		

Puzzle 149

	1			3		2		
		4		8				6
3					5		1	
		1	7	2	9			
5	2		4		3		6	7
			5	6	8	1		
	9		8					4
6				9		7		
		5		4			3	

Puzzle 150

1		9				5	4	2
6								
2			1		4			7
		2	4	8	5	7		
			2		6			
		1	3	9	7	6		
4			9		8			6
								9
9	2	7				8		4

Time ....

Puzzle 151

		3	4	5		7	6	
4				2				
8				1				3
				8				4
7	1	6	9		3	2	8	5
5				6				
2				7				8
				3				2
	7	8		9	4	5		

Puzzle 152

			7	9		1		
		2		5				
1		7		4		2	6	
				6				4
2	8	4	9		7	5	3	6
5				8				
	3	9		7		8		1
				3		6		
		5		2	4			

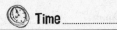

Puzzle 153

				6		8		
		8			1			
2			5	7			6	
	8		9	5	3	1		
9		5	7		4	6		8
		4	8	2	6		5	
	2			8	9			4
			2			9		
		7		4				

Puzzle 154

	2						3	
5		9		8				4
				9	6		2	
		1	3	6	5			
	9	3	7		8	5	4	
			9	2	4	6		
	5		8	4				
3				7		4		9
	6						8	

Time ....

Puzzle 155

		5				4		
		7	1	5				
9			3				8	5
			2	8	4	6	9	
	4		6		5		7	
	2	6	7	9	3			
7	5				8			2
				3	2	8		
		8				9		

Puzzle 156

			5	7				9
6				9	2			
		9		1		7	2	
	8	4		6		9		
9		5				1		6
		6		5		8	7	
	9	1		3		2		
			9	8				5
7				4	1			

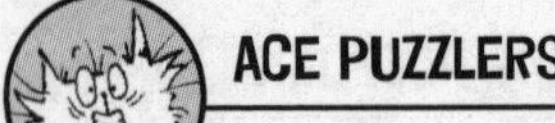

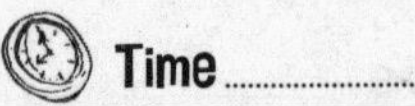

Puzzle 157

		4	2	1				
				8				
		2	9	4		6		3
				3		2		8
3	8	7	1		4	9	5	6
9		1		6				
6		8		9	2	5		
				7				
				5	3	1		

Answers

Beginners

PUZZLE 1

9	7	1	5	3	2	4	8	6
4	8	5	6	7	9	3	2	1
2	6	3	1	4	8	7	5	9
5	3	8	2	9	1	6	7	4
6	9	7	8	5	4	2	1	3
1	4	2	7	6	3	8	9	5
8	1	9	4	2	6	5	3	7
7	2	4	3	1	5	9	6	8
3	5	6	9	8	7	1	4	2

PUZZLE 2

3	5	2	8	7	1	4	6	9
9	4	6	2	3	5	8	1	7
1	7	8	9	4	6	5	2	3
2	8	7	5	1	9	6	3	4
6	3	9	7	2	4	1	8	5
5	1	4	6	8	3	7	9	2
7	9	1	3	5	8	2	4	6
8	6	5	4	9	2	3	7	1
4	2	3	1	6	7	9	5	8

PUZZLE 3

5	1	8	4	9	7	3	6	2
6	2	3	1	5	8	4	9	7
4	7	9	2	6	3	1	8	5
2	3	5	7	1	6	8	4	9
8	9	6	3	2	4	5	7	1
7	4	1	5	8	9	2	3	6
9	8	2	6	3	5	7	1	4
3	5	4	9	7	1	6	2	8
1	6	7	8	4	2	9	5	3

PUZZLE 4

7	6	9	1	2	3	8	4	5
1	8	5	9	4	7	2	3	6
4	3	2	6	5	8	7	1	9
9	2	3	5	7	4	1	6	8
8	5	1	3	9	6	4	7	2
6	7	4	2	8	1	5	9	3
2	9	6	7	1	5	3	8	4
5	1	8	4	3	9	6	2	7
3	4	7	8	6	2	9	5	1

PUZZLE 5

2	1	6	5	7	3	4	8	9
4	7	8	9	6	2	5	1	3
3	9	5	1	8	4	2	7	6
5	2	9	3	1	6	8	4	7
1	8	4	2	9	7	6	3	5
7	6	3	8	4	5	9	2	1
6	3	1	4	5	8	7	9	2
8	5	2	7	3	9	1	6	4
9	4	7	6	2	1	3	5	8

PUZZLE 6

6	8	3	9	7	4	2	5	1
1	2	5	6	8	3	9	7	4
4	7	9	5	2	1	8	6	3
3	4	1	8	9	6	5	2	7
8	6	7	3	5	2	1	4	9
5	9	2	4	1	7	3	8	6
2	1	6	7	3	8	4	9	5
7	5	8	1	4	9	6	3	2
9	3	4	2	6	5	7	1	8

PUZZLE 7

1	4	7	2	5	6	3	9	8
5	3	8	4	9	1	7	2	6
9	6	2	3	7	8	4	1	5
7	2	6	9	1	3	5	8	4
4	9	5	8	6	2	1	3	7
3	8	1	7	4	5	9	6	2
6	5	4	1	8	9	2	7	3
2	7	9	6	3	4	8	5	1
8	1	3	5	2	7	6	4	9

PUZZLE 8

5	6	3	9	8	2	1	7	4
1	4	2	6	7	3	9	5	8
7	9	8	1	5	4	6	3	2
2	3	1	7	4	9	8	6	5
8	5	6	3	2	1	7	4	9
9	7	4	8	6	5	2	1	3
4	8	5	2	1	7	3	9	6
3	2	7	4	9	6	5	8	1
6	1	9	5	3	8	4	2	7

PUZZLE 9

4	9	2	8	1	7	3	6	5
8	1	3	5	6	4	7	9	2
6	7	5	9	2	3	4	8	1
9	5	4	6	8	1	2	3	7
2	8	1	3	7	9	6	5	4
7	3	6	2	4	5	8	1	9
5	2	9	7	3	6	1	4	8
3	4	8	1	5	2	9	7	6
1	6	7	4	9	8	5	2	3

PUZZLE 10

5	6	4	7	9	8	1	3	2
8	3	2	6	1	4	5	9	7
7	1	9	3	2	5	6	4	8
9	4	8	1	6	7	3	2	5
6	2	1	4	5	3	8	7	9
3	5	7	2	8	9	4	1	6
1	9	3	5	7	6	2	8	4
2	7	6	8	4	1	9	5	3
4	8	5	9	3	2	7	6	1

PUZZLE 11

4	3	7	8	1	9	5	6	2
6	2	1	7	5	4	3	9	8
8	9	5	2	6	3	7	1	4
1	4	3	9	7	8	6	2	5
9	5	8	1	2	6	4	3	7
2	7	6	3	4	5	1	8	9
3	6	2	5	9	7	8	4	1
7	1	4	6	8	2	9	5	3
5	8	9	4	3	1	2	7	6

PUZZLE 12

5	1	2	3	7	4	9	8	6
7	8	3	6	2	9	5	4	1
9	6	4	1	8	5	2	3	7
8	4	7	5	1	2	6	9	3
1	3	9	4	6	7	8	2	5
2	5	6	8	9	3	1	7	4
3	2	8	7	5	1	4	6	9
4	9	5	2	3	6	7	1	8
6	7	1	9	4	8	3	5	2

PUZZLE 13

2	1	3	9	5	4	6	8	7
4	6	8	2	7	3	1	5	9
7	9	5	8	1	6	3	2	4
3	2	6	7	9	5	8	4	1
8	5	9	4	3	1	2	7	6
1	7	4	6	8	2	5	9	3
9	4	2	1	6	8	7	3	5
5	8	1	3	4	7	9	6	2
6	3	7	5	2	9	4	1	8

PUZZLE 14

6	8	4	9	7	1	5	3	2
3	2	9	4	5	6	1	7	8
5	7	1	8	2	3	6	9	4
2	4	7	1	6	9	8	5	3
8	9	3	2	4	5	7	1	6
1	5	6	7	3	8	4	2	9
9	6	8	3	1	7	2	4	5
7	3	2	5	8	4	9	6	1
4	1	5	6	9	2	3	8	7

PUZZLE 15

2	7	4	9	5	1	6	8	3
8	1	9	4	3	6	7	2	5
6	3	5	8	7	2	1	9	4
7	5	8	1	2	3	4	6	9
3	4	6	5	9	7	2	1	8
1	9	2	6	8	4	3	5	7
4	8	1	3	6	5	9	7	2
5	2	3	7	1	9	8	4	6
9	6	7	2	4	8	5	3	1

PUZZLE 16

1	6	2	3	7	8	4	5	9
7	4	5	6	9	1	8	3	2
8	9	3	5	4	2	1	6	7
3	1	7	4	6	5	2	9	8
5	8	9	1	2	3	6	7	4
6	2	4	7	8	9	3	1	5
9	3	8	2	5	6	7	4	1
2	7	1	9	3	4	5	8	6
4	5	6	8	1	7	9	2	3

PUZZLE 17

7	6	4	5	2	1	8	3	9
8	3	5	4	9	7	6	2	1
9	2	1	8	3	6	5	7	4
3	9	2	1	6	8	7	4	5
6	1	7	2	4	5	3	9	8
5	4	8	3	7	9	1	6	2
1	7	9	6	8	2	4	5	3
2	5	3	7	1	4	9	8	6
4	8	6	9	5	3	2	1	7

PUZZLE 18

7	4	1	5	9	6	3	8	2
3	8	6	2	4	7	1	9	5
2	9	5	1	8	3	6	4	7
9	7	2	3	6	8	5	1	4
6	3	4	7	5	1	8	2	9
1	5	8	4	2	9	7	3	6
5	1	3	9	7	2	4	6	8
4	6	9	8	3	5	2	7	1
8	2	7	6	1	4	9	5	3

PUZZLE 19

8	9	2	5	1	3	6	7	4
1	5	3	6	4	7	9	2	8
4	7	6	9	2	8	1	3	5
5	3	4	8	6	9	7	1	2
9	6	1	4	7	2	5	8	3
7	2	8	3	5	1	4	6	9
3	8	7	1	9	5	2	4	6
2	4	9	7	8	6	3	5	1
6	1	5	2	3	4	8	9	7

PUZZLE 20

2	3	5	6	1	8	7	4	9
8	7	4	2	9	5	1	6	3
9	1	6	7	4	3	2	5	8
6	4	7	3	8	1	5	9	2
1	5	8	9	2	7	4	3	6
3	9	2	5	6	4	8	1	7
7	8	1	4	3	6	9	2	5
4	2	3	8	5	9	6	7	1
5	6	9	1	7	2	3	8	4

PUZZLE 21

7	6	3	9	4	1	2	8	5
1	4	9	2	5	8	3	6	7
2	5	8	7	3	6	9	4	1
5	8	4	1	9	2	7	3	6
3	9	1	6	7	4	5	2	8
6	7	2	3	8	5	1	9	4
4	1	5	8	2	9	6	7	3
8	2	7	5	6	3	4	1	9
9	3	6	4	1	7	8	5	2

PUZZLE 22

5	8	1	4	2	3	6	9	7
3	7	4	5	6	9	8	2	1
2	6	9	7	8	1	3	4	5
8	1	2	9	3	6	5	7	4
4	3	5	8	1	7	2	6	9
6	9	7	2	4	5	1	3	8
7	2	8	6	5	4	9	1	3
1	4	6	3	9	8	7	5	2
9	5	3	1	7	2	4	8	6

PUZZLE 23

5	6	4	1	7	2	8	3	9
7	9	2	5	8	3	1	4	6
8	1	3	9	4	6	7	2	5
6	4	5	8	9	1	3	7	2
1	2	9	3	6	7	5	8	4
3	8	7	4	2	5	9	6	1
4	5	6	7	3	9	2	1	8
9	7	8	2	1	4	6	5	3
2	3	1	6	5	8	4	9	7

PUZZLE 24

5	7	8	6	2	9	1	4	3
9	2	4	8	3	1	5	6	7
1	6	3	7	4	5	8	9	2
6	3	1	9	7	2	4	8	5
7	9	2	4	5	8	6	3	1
4	8	5	1	6	3	7	2	9
8	4	9	3	1	7	2	5	6
2	1	6	5	9	4	3	7	8
3	5	7	2	8	6	9	1	4

PUZZLE 25

2	1	5	8	4	7	3	6	9
9	4	8	3	1	6	2	7	5
7	6	3	5	2	9	1	8	4
3	9	4	2	6	5	7	1	8
6	8	7	1	9	3	5	4	2
5	2	1	7	8	4	6	9	3
1	3	9	6	5	8	4	2	7
4	7	2	9	3	1	8	5	6
8	5	6	4	7	2	9	3	1

PUZZLE 26

9	3	6	8	2	7	1	4	5
5	4	1	9	6	3	7	2	8
7	8	2	4	5	1	9	6	3
2	6	9	1	4	5	3	8	7
3	7	5	6	8	2	4	1	9
8	1	4	7	3	9	2	5	6
4	5	3	2	9	6	8	7	1
6	2	7	3	1	8	5	9	4
1	9	8	5	7	4	6	3	2

PUZZLE 27

7	5	2	4	9	1	8	3	6
3	4	9	8	5	6	7	1	2
8	6	1	2	3	7	4	5	9
2	1	8	3	7	5	9	6	4
6	7	5	1	4	9	2	8	3
4	9	3	6	2	8	5	7	1
1	2	4	5	8	3	6	9	7
5	3	7	9	6	2	1	4	8
9	8	6	7	1	4	3	2	5

PUZZLE 28

9	2	4	8	5	7	3	1	6
5	1	6	4	9	3	8	7	2
3	7	8	6	2	1	9	4	5
1	8	5	2	4	6	7	9	3
4	6	2	3	7	9	1	5	8
7	9	3	5	1	8	2	6	4
8	4	7	9	3	5	6	2	1
2	3	9	1	6	4	5	8	7
6	5	1	7	8	2	4	3	9

PUZZLE 29

5	9	8	6	4	1	2	7	3
1	3	2	5	9	7	8	4	6
7	6	4	2	3	8	9	5	1
8	5	1	3	7	2	4	6	9
6	4	3	8	5	9	1	2	7
9	2	7	4	1	6	5	3	8
4	1	6	7	8	5	3	9	2
3	7	9	1	2	4	6	8	5
2	8	5	9	6	3	7	1	4

PUZZLE 30

9	8	6	2	3	1	7	5	4
3	7	2	8	4	5	9	1	6
1	5	4	9	7	6	3	8	2
4	6	9	5	1	2	8	3	7
7	2	5	6	8	3	1	4	9
8	3	1	7	9	4	6	2	5
6	9	3	4	2	8	5	7	1
5	4	8	1	6	7	2	9	3
2	1	7	3	5	9	4	6	8

PUZZLE 31

4	2	6	5	7	3	8	9	1
7	5	9	8	1	6	3	4	2
3	1	8	2	4	9	6	7	5
2	9	4	1	6	5	7	8	3
5	3	1	7	9	8	2	6	4
6	8	7	3	2	4	5	1	9
1	7	5	9	8	2	4	3	6
9	4	3	6	5	7	1	2	8
8	6	2	4	3	1	9	5	7

PUZZLE 32

6	3	2	7	5	4	1	9	8
4	9	5	1	8	6	7	2	3
8	1	7	2	9	3	6	5	4
3	8	6	9	2	5	4	1	7
9	7	1	4	3	8	2	6	5
2	5	4	6	1	7	3	8	9
5	2	9	3	7	1	8	4	6
1	6	3	8	4	9	5	7	2
7	4	8	5	6	2	9	3	1

Intermediates

PUZZLE 33

1	4	8	3	7	5	2	9	6
5	7	9	4	6	2	3	8	1
3	6	2	8	1	9	5	4	7
8	9	4	2	5	1	6	7	3
7	3	1	6	9	8	4	5	2
2	5	6	7	4	3	8	1	9
9	1	3	5	8	6	7	2	4
6	8	7	9	2	4	1	3	5
4	2	5	1	3	7	9	6	8

PUZZLE 34

9	5	1	2	7	6	8	4	3
3	8	4	9	5	1	2	7	6
6	7	2	8	4	3	5	1	9
1	3	9	7	6	8	4	2	5
2	4	8	3	1	5	9	6	7
5	6	7	4	9	2	1	3	8
4	9	3	1	8	7	6	5	2
8	2	6	5	3	4	7	9	1
7	1	5	6	2	9	3	8	4

PUZZLE 35

4	8	2	6	9	7	5	3	1
3	7	1	8	4	5	6	2	9
9	5	6	1	3	2	4	8	7
2	6	7	3	5	9	1	4	8
8	1	4	2	7	6	3	9	5
5	9	3	4	1	8	7	6	2
6	4	5	9	2	1	8	7	3
7	3	9	5	8	4	2	1	6
1	2	8	7	6	3	9	5	4

PUZZLE 36

8	1	2	4	7	3	5	6	9
7	6	3	1	5	9	4	8	2
5	4	9	6	8	2	7	3	1
2	3	7	9	1	4	6	5	8
6	9	4	5	2	8	3	1	7
1	5	8	7	3	6	2	9	4
4	2	5	8	6	1	9	7	3
9	8	6	3	4	7	1	2	5
3	7	1	2	9	5	8	4	6

PUZZLE 37

6	9	7	5	3	1	4	8	2
2	8	5	6	9	4	1	3	7
1	3	4	7	8	2	9	6	5
9	5	8	2	6	3	7	4	1
7	1	2	9	4	8	6	5	3
4	6	3	1	5	7	8	2	9
8	2	9	3	7	6	5	1	4
5	4	1	8	2	9	3	7	6
3	7	6	4	1	5	2	9	8

PUZZLE 38

5	7	8	3	1	9	4	2	6
6	3	4	5	7	2	1	9	8
1	2	9	4	8	6	7	5	3
3	6	5	9	4	1	8	7	2
4	8	2	6	5	7	9	3	1
9	1	7	2	3	8	5	6	4
8	5	1	7	6	3	2	4	9
7	9	6	1	2	4	3	8	5
2	4	3	8	9	5	6	1	7

PUZZLE 39

8	9	1	4	3	7	5	2	6
7	2	4	9	5	6	8	1	3
6	3	5	2	8	1	4	9	7
5	7	6	8	9	3	2	4	1
2	4	3	7	1	5	6	8	9
9	1	8	6	4	2	3	7	5
1	6	2	5	7	8	9	3	4
3	5	9	1	2	4	7	6	8
4	8	7	3	6	9	1	5	2

PUZZLE 40

2	3	9	8	1	4	7	5	6
1	4	8	7	6	5	9	2	3
5	7	6	9	3	2	8	1	4
4	9	7	1	8	3	5	6	2
8	2	3	6	5	7	4	9	1
6	5	1	4	2	9	3	8	7
7	1	2	3	9	8	6	4	5
3	8	5	2	4	6	1	7	9
9	6	4	5	7	1	2	3	8

PUZZLE 41

1	2	3	4	9	6	7	5	8
9	4	5	1	7	8	2	6	3
8	6	7	2	3	5	4	1	9
6	9	4	3	1	2	5	8	7
2	3	8	6	5	7	1	9	4
5	7	1	9	8	4	3	2	6
7	5	2	8	4	9	6	3	1
3	8	6	7	2	1	9	4	5
4	1	9	5	6	3	8	7	2

PUZZLE 42

5	3	4	7	8	2	1	6	9
9	7	2	1	6	3	5	8	4
1	6	8	5	9	4	2	7	3
4	1	5	6	2	7	3	9	8
8	2	7	3	1	9	4	5	6
6	9	3	4	5	8	7	2	1
7	4	6	9	3	5	8	1	2
3	8	9	2	7	1	6	4	5
2	5	1	8	4	6	9	3	7

PUZZLE 43

4	2	9	8	1	7	6	5	3
8	7	5	6	2	3	4	9	1
3	6	1	4	5	9	8	7	2
1	8	3	7	6	2	9	4	5
6	5	7	9	4	1	3	2	8
9	4	2	3	8	5	7	1	6
7	1	4	2	3	6	5	8	9
2	9	6	5	7	8	1	3	4
5	3	8	1	9	4	2	6	7

PUZZLE 44

8	9	5	3	2	7	1	4	6
6	2	7	4	8	1	5	9	3
1	4	3	6	5	9	7	8	2
7	3	1	9	6	2	4	5	8
9	5	2	8	4	3	6	7	1
4	8	6	1	7	5	2	3	9
3	7	8	5	1	6	9	2	4
5	6	9	2	3	4	8	1	7
2	1	4	7	9	8	3	6	5

PUZZLE 45

2	7	9	8	1	6	5	4	3
5	8	6	2	3	4	1	9	7
3	4	1	7	5	9	6	2	8
6	9	4	3	2	8	7	1	5
8	3	5	9	7	1	4	6	2
1	2	7	6	4	5	3	8	9
7	1	8	4	9	3	2	5	6
4	6	2	5	8	7	9	3	1
9	5	3	1	6	2	8	7	4

PUZZLE 46

2	7	9	1	4	5	3	8	6
1	5	8	3	6	7	4	9	2
3	4	6	9	8	2	7	5	1
5	2	3	8	7	9	1	6	4
7	9	1	6	2	4	5	3	8
8	6	4	5	1	3	9	2	7
9	8	2	7	5	1	6	4	3
6	3	7	4	9	8	2	1	5
4	1	5	2	3	6	8	7	9

PUZZLE 47

6	4	5	1	7	9	3	8	2
9	8	1	6	2	3	4	5	7
7	2	3	5	4	8	9	6	1
4	7	6	8	3	1	5	2	9
5	1	8	2	9	7	6	4	3
3	9	2	4	6	5	7	1	8
8	3	4	9	5	2	1	7	6
1	5	7	3	8	6	2	9	4
2	6	9	7	1	4	8	3	5

PUZZLE 48

9	5	3	6	1	8	4	7	2
6	8	2	4	9	7	5	3	1
7	4	1	3	5	2	8	9	6
2	6	4	7	3	9	1	8	5
3	1	8	5	2	4	7	6	9
5	7	9	8	6	1	3	2	4
1	3	5	9	7	6	2	4	8
8	2	6	1	4	3	9	5	7
4	9	7	2	8	5	6	1	3

PUZZLE 49

7	2	6	8	5	4	9	1	3
5	4	1	3	2	9	6	7	8
8	9	3	6	7	1	4	2	5
9	3	8	5	4	2	7	6	1
2	7	5	9	1	6	3	8	4
6	1	4	7	8	3	5	9	2
3	5	2	1	6	7	8	4	9
4	6	9	2	3	8	1	5	7
1	8	7	4	9	5	2	3	6

PUZZLE 50

9	7	8	4	3	6	5	1	2
5	2	4	8	7	1	6	9	3
3	1	6	2	5	9	4	8	7
1	6	5	9	4	7	2	3	8
8	9	7	3	2	5	1	4	6
2	4	3	6	1	8	7	5	9
7	5	9	1	6	3	8	2	4
4	3	1	7	8	2	9	6	5
6	8	2	5	9	4	3	7	1

PUZZLE 51

5	8	3	9	7	1	4	6	2
9	1	2	6	8	4	7	3	5
6	7	4	3	5	2	9	1	8
7	3	5	2	4	8	1	9	6
4	6	1	7	9	5	8	2	3
8	2	9	1	3	6	5	4	7
1	4	8	5	2	3	6	7	9
2	9	6	8	1	7	3	5	4
3	5	7	4	6	9	2	8	1

PUZZLE 52

9	5	1	7	3	4	6	2	8
7	8	3	1	6	2	9	4	5
6	2	4	8	5	9	3	1	7
4	1	6	5	7	3	8	9	2
2	3	9	6	4	8	7	5	1
8	7	5	9	2	1	4	3	6
1	9	2	3	8	6	5	7	4
3	6	7	4	1	5	2	8	9
5	4	8	2	9	7	1	6	3

PUZZLE 53

4	5	1	9	8	7	6	2	3
2	9	3	4	1	6	5	7	8
8	7	6	2	5	3	9	4	1
7	2	9	3	6	5	1	8	4
1	8	4	7	2	9	3	6	5
3	6	5	1	4	8	2	9	7
5	1	2	8	9	4	7	3	6
6	4	7	5	3	2	8	1	9
9	3	8	6	7	1	4	5	2

PUZZLE 54

7	5	4	2	9	3	1	8	6
2	6	9	1	7	8	3	4	5
8	1	3	6	4	5	9	2	7
9	3	1	4	5	6	8	7	2
4	8	7	3	1	2	6	5	9
6	2	5	9	8	7	4	3	1
5	4	8	7	6	1	2	9	3
3	7	6	8	2	9	5	1	4
1	9	2	5	3	4	7	6	8

PUZZLE 55

8	6	2	7	3	9	1	5	4
3	5	7	6	4	1	8	2	9
1	9	4	8	2	5	3	6	7
4	8	6	3	5	7	9	1	2
2	3	1	9	6	8	4	7	5
9	7	5	4	1	2	6	3	8
7	4	3	2	8	6	5	9	1
6	1	9	5	7	4	2	8	3
5	2	8	1	9	3	7	4	6

PUZZLE 56

8	6	3	7	1	2	4	5	9
4	9	2	6	8	5	1	3	7
5	7	1	3	9	4	8	2	6
9	5	8	4	3	7	2	6	1
1	4	6	9	2	8	5	7	3
3	2	7	1	5	6	9	4	8
6	8	5	2	7	1	3	9	4
2	3	4	8	6	9	7	1	5
7	1	9	5	4	3	6	8	2

PUZZLE 57

1	4	9	7	5	6	3	8	2
6	5	2	4	8	3	1	7	9
8	3	7	1	2	9	5	4	6
7	9	5	8	3	4	2	6	1
2	1	6	5	9	7	4	3	8
3	8	4	6	1	2	7	9	5
9	6	3	2	7	5	8	1	4
4	2	8	3	6	1	9	5	7
5	7	1	9	4	8	6	2	3

PUZZLE 58

2	9	7	1	6	3	8	5	4
5	1	3	9	8	4	2	6	7
4	6	8	7	5	2	9	3	1
3	5	2	8	9	7	1	4	6
1	4	9	2	3	6	7	8	5
8	7	6	5	4	1	3	2	9
6	2	1	4	7	8	5	9	3
9	8	4	3	1	5	6	7	2
7	3	5	6	2	9	4	1	8

PUZZLE 59

2	3	6	9	4	1	7	5	8
4	9	5	8	7	6	2	1	3
7	1	8	5	2	3	4	6	9
9	4	3	2	8	5	1	7	6
8	6	7	3	1	4	5	9	2
1	5	2	6	9	7	3	8	4
5	2	9	7	3	8	6	4	1
6	8	1	4	5	2	9	3	7
3	7	4	1	6	9	8	2	5

PUZZLE 60

6	8	1	5	4	9	7	3	2
3	7	4	6	2	8	1	5	9
5	9	2	7	1	3	4	8	6
8	6	3	4	9	5	2	7	1
7	1	5	8	6	2	9	4	3
4	2	9	3	7	1	8	6	5
1	5	8	2	3	4	6	9	7
9	3	6	1	8	7	5	2	4
2	4	7	9	5	6	3	1	8

PUZZLE 61

3	7	1	5	2	6	4	9	8
2	5	8	1	4	9	7	6	3
4	9	6	3	8	7	1	2	5
6	4	3	7	5	1	9	8	2
9	1	2	8	6	3	5	7	4
5	8	7	2	9	4	3	1	6
1	3	4	6	7	2	8	5	9
8	2	9	4	1	5	6	3	7
7	6	5	9	3	8	2	4	1

PUZZLE 62

5	7	3	9	1	4	2	6	8
2	1	8	7	6	3	9	5	4
6	4	9	2	5	8	7	3	1
7	8	4	6	9	2	5	1	3
3	9	5	4	8	1	6	7	2
1	2	6	3	7	5	8	4	9
9	3	2	5	4	7	1	8	6
4	5	1	8	2	6	3	9	7
8	6	7	1	3	9	4	2	5

PUZZLE 63

4	6	8	7	1	5	3	2	9
3	2	9	4	8	6	5	1	7
1	7	5	2	3	9	6	4	8
9	8	2	5	4	1	7	3	6
6	1	7	9	2	3	4	8	5
5	3	4	8	6	7	2	9	1
8	5	6	3	9	4	1	7	2
7	9	3	1	5	2	8	6	4
2	4	1	6	7	8	9	5	3

PUZZLE 64

5	2	4	1	7	8	3	9	6
9	7	3	2	6	4	5	8	1
6	8	1	5	9	3	4	2	7
2	9	5	3	4	1	6	7	8
4	6	7	8	2	9	1	5	3
1	3	8	6	5	7	2	4	9
3	4	6	7	8	5	9	1	2
8	1	9	4	3	2	7	6	5
7	5	2	9	1	6	8	3	4

PUZZLE 65

6	9	2	5	1	3	4	7	8
1	5	4	8	6	7	3	9	2
3	8	7	9	4	2	6	5	1
2	4	1	7	9	6	8	3	5
8	3	5	1	2	4	7	6	9
7	6	9	3	5	8	1	2	4
5	1	3	6	8	9	2	4	7
4	7	8	2	3	5	9	1	6
9	2	6	4	7	1	5	8	3

PUZZLE 66

4	3	1	2	6	8	7	5	9
9	8	2	5	1	7	4	3	6
5	6	7	4	9	3	2	1	8
6	7	3	8	5	1	9	2	4
1	5	4	6	2	9	3	8	7
2	9	8	7	3	4	5	6	1
3	2	9	1	4	6	8	7	5
7	4	6	3	8	5	1	9	2
8	1	5	9	7	2	6	4	3

PUZZLE 67

2	9	3	7	4	1	6	5	8
5	4	8	2	3	6	1	7	9
6	7	1	8	9	5	2	3	4
7	8	2	9	6	3	5	4	1
1	6	4	5	7	2	8	9	3
9	3	5	4	1	8	7	6	2
4	1	9	6	2	7	3	8	5
3	5	7	1	8	9	4	2	6
8	2	6	3	5	4	9	1	7

PUZZLE 68

2	6	3	8	9	7	5	4	1
5	7	4	1	6	2	9	8	3
9	1	8	4	3	5	2	7	6
3	2	7	9	5	8	1	6	4
8	9	6	7	1	4	3	2	5
1	4	5	3	2	6	8	9	7
6	8	1	2	4	3	7	5	9
7	5	9	6	8	1	4	3	2
4	3	2	5	7	9	6	1	8

PUZZLE 69

6	3	2	9	8	1	5	7	4
7	5	1	2	6	4	8	3	9
9	8	4	7	5	3	2	1	6
1	6	8	5	3	7	4	9	2
2	7	3	4	9	8	6	5	1
5	4	9	6	1	2	7	8	3
3	2	7	1	4	5	9	6	8
8	9	5	3	2	6	1	4	7
4	1	6	8	7	9	3	2	5

PUZZLE 70

6	4	3	7	1	2	9	8	5
8	7	9	3	6	5	2	4	1
5	2	1	4	8	9	3	6	7
4	9	2	8	3	7	5	1	6
7	5	6	1	2	4	8	9	3
1	3	8	5	9	6	4	7	2
3	8	4	6	5	1	7	2	9
2	6	5	9	7	8	1	3	4
9	1	7	2	4	3	6	5	8

PUZZLE 71

5	3	6	7	4	1	8	9	2
8	1	7	3	9	2	6	4	5
9	4	2	5	6	8	1	7	3
4	5	8	2	1	6	9	3	7
6	7	9	4	5	3	2	1	8
3	2	1	8	7	9	5	6	4
7	6	3	1	8	5	4	2	9
2	9	5	6	3	4	7	8	1
1	8	4	9	2	7	3	5	6

PUZZLE 72

4	9	1	5	2	6	8	7	3
3	7	6	9	1	8	5	2	4
2	5	8	3	4	7	6	9	1
9	6	2	8	5	1	4	3	7
5	1	7	4	9	3	2	6	8
8	4	3	7	6	2	9	1	5
6	8	4	1	7	9	3	5	2
1	3	9	2	8	5	7	4	6
7	2	5	6	3	4	1	8	9

PUZZLE 73

9	5	6	4	2	7	8	1	3
8	1	7	9	3	6	4	2	5
3	2	4	5	8	1	7	9	6
2	4	8	6	5	3	9	7	1
5	3	1	7	4	9	2	6	8
7	6	9	8	1	2	3	5	4
6	8	3	2	9	5	1	4	7
1	9	5	3	7	4	6	8	2
4	7	2	1	6	8	5	3	9

PUZZLE 74

4	8	1	9	5	6	3	7	2
9	7	5	2	1	3	4	6	8
6	2	3	4	7	8	1	5	9
2	6	4	5	3	1	8	9	7
3	1	7	8	9	2	5	4	6
5	9	8	6	4	7	2	1	3
7	3	2	1	6	4	9	8	5
8	4	9	7	2	5	6	3	1
1	5	6	3	8	9	7	2	4

PUZZLE 75

3	6	7	8	2	9	1	4	5
1	8	2	3	4	5	6	7	9
5	9	4	7	1	6	8	3	2
8	4	6	5	7	1	2	9	3
9	1	5	6	3	2	4	8	7
7	2	3	4	9	8	5	6	1
4	5	1	9	6	3	7	2	8
2	7	9	1	8	4	3	5	6
6	3	8	2	5	7	9	1	4

PUZZLE 76

4	3	2	8	6	7	1	9	5
7	9	6	5	4	1	8	2	3
8	1	5	2	3	9	6	7	4
5	8	9	4	2	6	7	3	1
6	7	4	3	1	8	2	5	9
1	2	3	7	9	5	4	8	6
9	5	8	6	7	4	3	1	2
3	4	7	1	5	2	9	6	8
2	6	1	9	8	3	5	4	7

PUZZLE 77

3	7	4	5	2	8	1	6	9
8	9	6	3	4	1	2	7	5
2	1	5	6	7	9	8	3	4
5	4	3	8	1	6	7	9	2
6	2	1	4	9	7	3	5	8
7	8	9	2	5	3	4	1	6
1	3	2	9	6	4	5	8	7
9	5	8	7	3	2	6	4	1
4	6	7	1	8	5	9	2	3

PUZZLE 78

6	1	7	4	3	8	2	5	9
8	5	2	1	6	9	3	4	7
9	3	4	7	2	5	8	6	1
3	2	5	6	9	7	1	8	4
4	8	9	5	1	3	6	7	2
1	7	6	2	8	4	9	3	5
5	9	1	3	7	6	4	2	8
2	4	3	8	5	1	7	9	6
7	6	8	9	4	2	5	1	3

PUZZLE 79

4	1	6	8	3	2	5	7	9
5	3	2	7	9	1	4	6	8
7	8	9	5	6	4	3	1	2
9	2	7	6	4	3	1	8	5
3	4	8	1	5	7	9	2	6
1	6	5	9	2	8	7	3	4
8	9	3	2	1	5	6	4	7
6	7	4	3	8	9	2	5	1
2	5	1	4	7	6	8	9	3

PUZZLE 80

8	9	2	4	1	7	3	5	6
1	5	7	2	6	3	9	4	8
4	3	6	8	5	9	7	2	1
3	2	4	5	7	6	8	1	9
5	8	9	3	2	1	4	6	7
6	7	1	9	8	4	5	3	2
2	4	5	6	9	8	1	7	3
9	1	3	7	4	2	6	8	5
7	6	8	1	3	5	2	9	4

PUZZLE 81

8	2	9	3	7	6	4	1	5
6	3	5	4	8	1	9	2	7
1	7	4	5	9	2	3	8	6
4	1	8	9	2	7	6	5	3
3	9	6	8	1	5	7	4	2
7	5	2	6	4	3	1	9	8
9	6	3	2	5	4	8	7	1
2	4	1	7	3	8	5	6	9
5	8	7	1	6	9	2	3	4

PUZZLE 82

4	2	6	8	3	5	1	7	9
3	8	7	9	2	1	5	4	6
5	9	1	4	7	6	3	2	8
1	4	2	5	8	7	6	9	3
9	7	8	3	6	4	2	5	1
6	5	3	2	1	9	4	8	7
7	3	4	1	5	8	9	6	2
8	1	5	6	9	2	7	3	4
2	6	9	7	4	3	8	1	5

PUZZLE 83

5	2	4	8	9	6	7	3	1
3	1	9	4	7	2	8	5	6
8	7	6	1	5	3	2	9	4
1	9	2	6	8	7	3	4	5
4	6	8	3	2	5	9	1	7
7	5	3	9	4	1	6	8	2
6	3	5	2	1	8	4	7	9
2	4	1	7	3	9	5	6	8
9	8	7	5	6	4	1	2	3

PUZZLE 84

6	3	2	5	9	1	8	7	4
7	1	4	2	8	6	3	9	5
8	5	9	7	3	4	2	6	1
4	7	5	6	2	8	1	3	9
9	2	8	1	7	3	5	4	6
3	6	1	4	5	9	7	8	2
2	4	3	9	1	7	6	5	8
5	9	7	8	6	2	4	1	3
1	8	6	3	4	5	9	2	7

PUZZLE 85

8	9	7	6	4	2	3	1	5
6	2	3	5	8	1	7	9	4
1	4	5	7	3	9	8	6	2
3	5	9	4	2	8	6	7	1
7	8	4	3	1	6	5	2	9
2	1	6	9	5	7	4	3	8
4	7	1	2	6	5	9	8	3
5	6	8	1	9	3	2	4	7
9	3	2	8	7	4	1	5	6

PUZZLE 86

7	2	9	4	3	1	5	6	8
3	4	8	2	6	5	7	9	1
1	5	6	8	9	7	3	2	4
9	8	7	5	4	2	1	3	6
4	6	5	7	1	3	9	8	2
2	1	3	9	8	6	4	5	7
6	3	2	1	5	4	8	7	9
8	7	4	3	2	9	6	1	5
5	9	1	6	7	8	2	4	3

PUZZLE 87

8	9	7	3	1	6	4	2	5
3	2	1	7	4	5	8	9	6
6	5	4	2	9	8	3	1	7
2	4	3	5	7	1	6	8	9
5	1	6	8	2	9	7	4	3
7	8	9	6	3	4	1	5	2
1	7	8	9	5	3	2	6	4
4	3	5	1	6	2	9	7	8
9	6	2	4	8	7	5	3	1

PUZZLE 88

7	5	4	1	9	8	6	3	2
2	1	9	7	3	6	4	8	5
6	3	8	4	2	5	1	9	7
5	6	3	9	8	2	7	4	1
8	2	1	5	7	4	3	6	9
4	9	7	3	6	1	5	2	8
9	8	5	6	4	7	2	1	3
1	4	2	8	5	3	9	7	6
3	7	6	2	1	9	8	5	4

PUZZLE 89

2	5	8	7	4	6	3	1	9
6	7	3	1	2	9	8	5	4
4	1	9	8	3	5	6	7	2
1	3	5	4	9	8	7	2	6
8	6	7	2	5	1	4	9	3
9	4	2	6	7	3	1	8	5
3	8	1	9	6	2	5	4	7
5	2	4	3	8	7	9	6	1
7	9	6	5	1	4	2	3	8

PUZZLE 90

7	1	6	5	3	4	8	9	2
4	8	9	2	6	1	7	5	3
3	5	2	7	9	8	1	6	4
1	6	4	9	5	7	3	2	8
9	3	8	6	1	2	4	7	5
5	2	7	8	4	3	6	1	9
6	7	5	4	8	9	2	3	1
2	4	3	1	7	5	9	8	6
8	9	1	3	2	6	5	4	7

PUZZLE 91

9	6	2	7	5	4	1	3	8
7	8	4	1	3	9	6	5	2
3	1	5	2	8	6	7	4	9
2	7	3	4	6	5	9	8	1
4	9	8	3	1	2	5	6	7
6	5	1	8	9	7	4	2	3
8	3	6	5	7	1	2	9	4
5	4	7	9	2	8	3	1	6
1	2	9	6	4	3	8	7	5

PUZZLE 92

2	3	7	6	1	5	9	4	8
9	5	4	8	3	2	1	7	6
1	8	6	7	9	4	5	2	3
5	6	9	1	4	7	3	8	2
7	1	2	3	8	6	4	9	5
3	4	8	5	2	9	7	6	1
4	9	1	2	6	3	8	5	7
6	7	3	9	5	8	2	1	4
8	2	5	4	7	1	6	3	9

PUZZLE 93

4	1	2	6	9	8	3	5	7
7	6	9	4	5	3	2	8	1
3	8	5	1	7	2	4	6	9
8	2	1	9	6	7	5	3	4
5	7	6	3	1	4	8	9	2
9	3	4	2	8	5	7	1	6
1	5	8	7	4	6	9	2	3
6	4	3	5	2	9	1	7	8
2	9	7	8	3	1	6	4	5

PUZZLE 94

4	5	1	2	8	6	7	9	3
7	6	2	5	9	3	1	4	8
9	3	8	1	4	7	5	2	6
2	7	3	9	6	4	8	5	1
5	8	6	7	1	2	9	3	4
1	9	4	8	3	5	2	6	7
8	4	7	3	5	9	6	1	2
6	1	9	4	2	8	3	7	5
3	2	5	6	7	1	4	8	9

PUZZLE 95

2	9	6	3	5	8	4	7	1
5	8	4	1	6	7	2	9	3
7	3	1	2	4	9	8	6	5
6	2	3	7	1	5	9	8	4
4	1	9	8	3	6	5	2	7
8	5	7	4	9	2	3	1	6
3	4	8	9	7	1	6	5	2
1	6	2	5	8	4	7	3	9
9	7	5	6	2	3	1	4	8

PUZZLE 96

6	1	3	2	5	9	7	8	4
8	5	9	7	4	6	1	3	2
7	2	4	8	3	1	5	9	6
1	4	7	5	6	8	3	2	9
3	9	2	4	1	7	6	5	8
5	6	8	3	9	2	4	1	7
2	8	5	6	7	3	9	4	1
4	7	1	9	8	5	2	6	3
9	3	6	1	2	4	8	7	5

PUZZLE 97

2	1	5	9	4	8	6	7	3
4	3	9	1	7	6	2	5	8
7	6	8	2	5	3	1	9	4
9	4	2	5	8	7	3	1	6
1	5	6	3	9	4	7	8	2
8	7	3	6	1	2	9	4	5
6	9	7	4	2	5	8	3	1
5	2	1	8	3	9	4	6	7
3	8	4	7	6	1	5	2	9

PUZZLE 98

4	5	9	2	8	3	1	7	6
6	8	7	4	1	9	3	5	2
1	2	3	5	7	6	9	4	8
5	7	2	3	9	4	8	6	1
9	6	4	8	2	1	5	3	7
3	1	8	6	5	7	4	2	9
7	3	5	9	6	8	2	1	4
2	9	1	7	4	5	6	8	3
8	4	6	1	3	2	7	9	5

PUZZLE 99

9	5	2	1	3	4	8	6	7
6	8	4	7	9	2	5	3	1
1	3	7	5	6	8	4	9	2
7	6	8	2	5	1	3	4	9
5	1	9	6	4	3	7	2	8
2	4	3	8	7	9	6	1	5
8	2	5	4	1	6	9	7	3
3	7	6	9	2	5	1	8	4
4	9	1	3	8	7	2	5	6

PUZZLE 100

1	9	4	8	6	3	5	2	7
6	8	7	5	4	2	3	9	1
2	5	3	1	9	7	8	6	4
9	4	2	7	5	6	1	3	8
5	3	1	4	2	8	6	7	9
7	6	8	3	1	9	4	5	2
8	2	6	9	3	1	7	4	5
3	7	5	2	8	4	9	1	6
4	1	9	6	7	5	2	8	3

PUZZLE 101

9	2	6	7	3	8	4	1	5
5	4	7	9	2	1	3	6	8
1	3	8	5	6	4	9	7	2
3	7	1	6	5	9	2	8	4
6	5	4	2	8	3	1	9	7
2	8	9	1	4	7	6	5	3
7	9	5	4	1	2	8	3	6
8	6	2	3	9	5	7	4	1
4	1	3	8	7	6	5	2	9

PUZZLE 102

3	8	1	2	7	9	5	6	4
9	4	6	1	5	3	8	2	7
5	2	7	4	8	6	9	3	1
8	5	2	3	1	4	6	7	9
1	7	4	9	6	8	3	5	2
6	3	9	7	2	5	1	4	8
7	1	8	5	3	2	4	9	6
2	9	5	6	4	1	7	8	3
4	6	3	8	9	7	2	1	5

PUZZLE 103

2	4	3	7	5	6	9	1	8
7	9	1	4	8	2	5	3	6
5	6	8	9	3	1	7	4	2
6	5	2	1	9	3	8	7	4
1	8	7	5	2	4	6	9	3
9	3	4	8	6	7	1	2	5
8	1	9	2	4	5	3	6	7
3	2	5	6	7	9	4	8	1
4	7	6	3	1	8	2	5	9

PUZZLE 104

8	5	6	4	7	9	1	2	3
1	4	7	3	8	2	5	6	9
2	9	3	6	1	5	7	4	8
3	2	4	9	5	6	8	1	7
7	8	5	1	2	3	4	9	6
6	1	9	7	4	8	2	3	5
9	7	2	8	6	1	3	5	4
5	3	8	2	9	4	6	7	1
4	6	1	5	3	7	9	8	2

PUZZLE 105

8	4	7	5	1	3	2	9	6
9	6	1	4	8	2	7	5	3
3	5	2	7	9	6	4	1	8
6	2	3	1	5	7	9	8	4
4	7	8	6	3	9	5	2	1
1	9	5	2	4	8	3	6	7
7	8	4	9	6	5	1	3	2
2	3	9	8	7	1	6	4	5
5	1	6	3	2	4	8	7	9

PUZZLE 106

1	6	7	9	3	4	2	8	5
9	4	2	5	8	1	7	6	3
3	8	5	6	7	2	9	4	1
7	2	1	8	6	3	5	9	4
5	3	4	1	9	7	6	2	8
8	9	6	2	4	5	1	3	7
2	5	3	4	1	6	8	7	9
6	7	8	3	5	9	4	1	2
4	1	9	7	2	8	3	5	6

PUZZLE 107

6	4	1	2	5	3	7	9	8
7	9	8	6	1	4	5	3	2
3	2	5	7	9	8	4	1	6
1	8	6	4	3	7	2	5	9
9	5	3	1	8	2	6	4	7
4	7	2	9	6	5	1	8	3
5	6	9	3	7	1	8	2	4
8	3	4	5	2	6	9	7	1
2	1	7	8	4	9	3	6	5

PUZZLE 108

6	8	1	5	3	2	4	7	9
5	3	4	7	8	9	2	1	6
2	7	9	4	6	1	5	3	8
9	2	3	1	4	7	6	8	5
7	1	5	8	2	6	9	4	3
8	4	6	9	5	3	7	2	1
1	5	8	6	7	4	3	9	2
4	9	2	3	1	5	8	6	7
3	6	7	2	9	8	1	5	4

PUZZLE 109

6	4	5	7	3	2	9	1	8
8	3	9	5	4	1	6	2	7
1	7	2	6	8	9	3	4	5
5	1	8	3	7	6	4	9	2
7	9	3	2	1	4	5	8	6
2	6	4	8	9	5	1	7	3
3	2	1	4	6	8	7	5	9
9	8	7	1	5	3	2	6	4
4	5	6	9	2	7	8	3	1

PUZZLE 110

5	3	1	7	2	9	4	8	6
8	6	9	5	3	4	2	7	1
4	7	2	1	6	8	9	5	3
3	1	4	8	5	2	7	6	9
9	5	6	4	1	7	8	3	2
7	2	8	3	9	6	1	4	5
1	8	3	9	7	5	6	2	4
6	9	7	2	4	3	5	1	8
2	4	5	6	8	1	3	9	7

PUZZLE 111

7	5	8	1	3	9	2	6	4
9	2	6	4	5	8	3	1	7
3	4	1	7	2	6	8	5	9
6	9	5	3	4	2	1	7	8
4	8	3	6	7	1	9	2	5
2	1	7	9	8	5	6	4	3
1	3	9	5	6	4	7	8	2
8	7	4	2	1	3	5	9	6
5	6	2	8	9	7	4	3	1

PUZZLE 112

3	1	6	8	4	2	9	5	7
8	2	9	5	1	7	4	6	3
4	5	7	6	3	9	1	2	8
2	7	4	1	5	8	3	9	6
9	6	5	3	2	4	8	7	1
1	8	3	7	9	6	2	4	5
5	9	8	4	7	1	6	3	2
7	4	1	2	6	3	5	8	9
6	3	2	9	8	5	7	1	4

PUZZLE 113

7	6	3	9	4	1	2	5	8
9	2	5	8	6	3	4	1	7
1	4	8	2	7	5	3	6	9
2	8	4	1	3	6	7	9	5
5	1	9	7	2	8	6	4	3
6	3	7	4	5	9	8	2	1
3	7	6	5	1	4	9	8	2
8	5	2	6	9	7	1	3	4
4	9	1	3	8	2	5	7	6

PUZZLE 114

6	7	1	2	9	3	8	4	5
2	8	5	1	6	4	3	9	7
9	3	4	7	8	5	2	6	1
4	5	9	3	1	2	7	8	6
7	6	8	5	4	9	1	2	3
3	1	2	8	7	6	4	5	9
1	4	6	9	3	8	5	7	2
5	9	7	4	2	1	6	3	8
8	2	3	6	5	7	9	1	4

PUZZLE 115

4	3	9	7	1	5	6	8	2
2	7	6	8	3	4	9	5	1
8	1	5	2	9	6	4	7	3
3	5	2	6	4	8	1	9	7
7	9	8	1	5	3	2	6	4
1	6	4	9	7	2	8	3	5
5	4	1	3	6	9	7	2	8
6	2	7	5	8	1	3	4	9
9	8	3	4	2	7	5	1	6

PUZZLE 116

4	6	9	1	7	3	8	2	5
7	3	2	8	9	5	4	6	1
5	8	1	6	4	2	3	7	9
6	1	4	2	5	7	9	8	3
3	9	8	4	1	6	2	5	7
2	5	7	9	3	8	6	1	4
1	2	3	5	8	4	7	9	6
8	4	5	7	6	9	1	3	2
9	7	6	3	2	1	5	4	8

PUZZLE 117

7	8	4	3	1	6	9	2	5
6	3	1	2	5	9	7	8	4
5	2	9	7	8	4	6	1	3
1	5	6	8	9	2	3	4	7
3	7	8	4	6	1	2	5	9
9	4	2	5	3	7	8	6	1
8	1	3	6	7	5	4	9	2
2	6	5	9	4	3	1	7	8
4	9	7	1	2	8	5	3	6

PUZZLE 118

7	1	5	3	8	6	9	2	4
3	2	9	4	5	1	8	6	7
4	6	8	2	7	9	3	1	5
6	3	2	8	9	5	4	7	1
5	7	1	6	4	3	2	8	9
8	9	4	7	1	2	5	3	6
9	5	6	1	3	8	7	4	2
2	4	3	9	6	7	1	5	8
1	8	7	5	2	4	6	9	3

PUZZLE 119

8	4	5	1	2	9	7	3	6
6	7	9	3	8	4	1	2	5
2	3	1	6	5	7	4	8	9
7	8	6	4	9	3	5	1	2
3	5	4	7	1	2	9	6	8
9	1	2	8	6	5	3	4	7
1	6	7	9	4	8	2	5	3
5	9	8	2	3	1	6	7	4
4	2	3	5	7	6	8	9	1

PUZZLE 120

3	2	1	8	7	5	4	6	9
7	6	8	4	2	9	5	1	3
4	5	9	1	3	6	7	2	8
2	9	3	6	4	8	1	5	7
5	7	4	3	1	2	9	8	6
8	1	6	5	9	7	2	3	4
6	8	7	9	5	1	3	4	2
9	3	5	2	8	4	6	7	1
1	4	2	7	6	3	8	9	5

PUZZLE 121

1	9	6	8	4	3	7	5	2
4	2	8	5	7	9	6	3	1
3	5	7	6	1	2	9	8	4
8	7	2	4	5	1	3	9	6
9	3	5	2	6	7	4	1	8
6	4	1	3	9	8	2	7	5
5	8	3	9	2	6	1	4	7
7	6	4	1	3	5	8	2	9
2	1	9	7	8	4	5	6	3

PUZZLE 122

5	1	2	9	8	3	6	7	4
9	6	7	1	2	4	8	3	5
8	3	4	6	5	7	2	9	1
1	9	6	4	7	2	3	5	8
4	2	3	8	1	5	9	6	7
7	8	5	3	6	9	4	1	2
3	5	8	2	9	1	7	4	6
6	4	1	7	3	8	5	2	9
2	7	9	5	4	6	1	8	3

PUZZLE 123

6	3	5	2	9	1	7	4	8
8	2	1	7	4	3	9	5	6
9	7	4	5	6	8	1	3	2
3	8	6	9	1	5	4	2	7
1	4	2	8	7	6	5	9	3
5	9	7	3	2	4	8	6	1
2	1	8	4	3	9	6	7	5
7	6	9	1	5	2	3	8	4
4	5	3	6	8	7	2	1	9

PUZZLE 124

2	6	3	5	7	8	9	4	1
9	8	5	4	2	1	6	7	3
4	1	7	3	9	6	8	2	5
8	2	1	6	4	3	7	5	9
3	5	9	7	1	2	4	8	6
7	4	6	9	8	5	3	1	2
6	9	4	1	5	7	2	3	8
5	7	8	2	3	9	1	6	4
1	3	2	8	6	4	5	9	7

PUZZLE 125

1	4	8	7	3	2	6	5	9
2	5	6	9	8	4	3	7	1
3	9	7	1	5	6	2	4	8
9	7	2	5	4	1	8	3	6
4	8	3	6	9	7	5	1	2
5	6	1	8	2	3	7	9	4
6	2	5	4	7	9	1	8	3
7	1	9	3	6	8	4	2	5
8	3	4	2	1	5	9	6	7

PUZZLE 126

4	9	2	6	7	8	3	1	5
1	6	7	3	4	5	8	2	9
8	5	3	2	1	9	6	4	7
5	3	4	8	2	7	1	9	6
6	2	9	1	3	4	5	7	8
7	8	1	5	9	6	2	3	4
3	7	8	4	6	1	9	5	2
2	4	6	9	5	3	7	8	1
9	1	5	7	8	2	4	6	3

PUZZLE 127

3	1	4	6	8	9	7	2	5
7	8	9	2	4	5	3	6	1
6	5	2	7	1	3	9	8	4
9	6	7	5	3	8	4	1	2
4	3	8	1	9	2	6	5	7
5	2	1	4	6	7	8	9	3
1	7	6	9	2	4	5	3	8
2	4	3	8	5	6	1	7	9
8	9	5	3	7	1	2	4	6

PUZZLE 128

3	1	5	6	7	2	4	8	9
6	9	2	8	4	3	1	5	7
7	4	8	1	9	5	6	2	3
2	6	4	3	8	1	7	9	5
8	7	9	4	5	6	3	1	2
1	5	3	7	2	9	8	6	4
4	2	7	9	6	8	5	3	1
9	8	1	5	3	7	2	4	6
5	3	6	2	1	4	9	7	8

PUZZLE 129

4	2	1	9	5	3	6	8	7
7	5	6	1	8	4	3	9	2
3	8	9	6	2	7	4	1	5
8	6	5	2	4	9	1	7	3
2	1	4	7	3	8	9	5	6
9	7	3	5	6	1	8	2	4
6	3	2	8	9	5	7	4	1
5	9	7	4	1	6	2	3	8
1	4	8	3	7	2	5	6	9

PUZZLE 130

2	4	9	1	7	3	5	8	6
3	5	7	8	4	6	1	9	2
8	1	6	5	9	2	7	4	3
1	7	2	9	6	8	4	3	5
4	6	8	3	5	1	2	7	9
5	9	3	4	2	7	8	6	1
9	2	4	7	3	5	6	1	8
6	3	1	2	8	4	9	5	7
7	8	5	6	1	9	3	2	4

PUZZLE 131

5	3	2	8	4	1	6	7	9
1	9	6	5	3	7	2	8	4
4	7	8	9	6	2	5	3	1
7	4	1	3	2	5	8	9	6
3	6	9	4	1	8	7	2	5
2	8	5	6	7	9	1	4	3
9	5	3	7	8	6	4	1	2
6	1	7	2	9	4	3	5	8
8	2	4	1	5	3	9	6	7

Ace Puzzlers

PUZZLE 132

1	4	9	2	8	6	7	3	5
7	6	5	1	9	3	2	4	8
3	8	2	5	7	4	6	9	1
5	2	4	9	1	7	3	8	6
9	3	6	4	2	8	5	1	7
8	7	1	3	6	5	4	2	9
4	1	8	7	5	2	9	6	3
2	9	7	6	3	1	8	5	4
6	5	3	8	4	9	1	7	2

PUZZLE 133

3	9	1	8	4	2	5	6	7
2	5	7	9	6	1	4	8	3
6	4	8	7	3	5	9	1	2
7	6	2	4	8	9	1	3	5
9	8	5	6	1	3	2	7	4
4	1	3	2	5	7	6	9	8
8	3	4	5	9	6	7	2	1
1	7	6	3	2	4	8	5	9
5	2	9	1	7	8	3	4	6

PUZZLE 134

9	2	3	4	5	8	1	6	7
8	1	7	3	6	9	5	4	2
6	5	4	1	2	7	9	8	3
3	6	1	8	7	2	4	5	9
2	4	5	9	1	6	3	7	8
7	8	9	5	4	3	2	1	6
5	3	2	6	8	1	7	9	4
4	7	8	2	9	5	6	3	1
1	9	6	7	3	4	8	2	5

PUZZLE 135

3	9	1	2	6	8	4	5	7
8	6	7	3	5	4	1	2	9
4	2	5	9	7	1	3	6	8
9	1	6	8	4	5	7	3	2
2	7	3	6	1	9	8	4	5
5	8	4	7	2	3	6	9	1
7	3	9	4	8	2	5	1	6
1	4	8	5	9	6	2	7	3
6	5	2	1	3	7	9	8	4

PUZZLE 136

3	1	5	8	7	6	4	9	2
9	7	4	5	2	1	8	3	6
2	8	6	9	4	3	1	5	7
1	3	8	2	6	5	9	7	4
5	2	9	7	3	4	6	1	8
6	4	7	1	9	8	5	2	3
8	9	3	6	1	7	2	4	5
7	6	1	4	5	2	3	8	9
4	5	2	3	8	9	7	6	1

PUZZLE 137

3	7	5	4	2	1	8	6	9
2	1	6	7	8	9	3	4	5
9	8	4	6	3	5	1	2	7
8	5	2	3	4	7	9	1	6
6	9	7	2	1	8	4	5	3
1	4	3	5	9	6	7	8	2
4	3	1	9	6	2	5	7	8
5	6	9	8	7	4	2	3	1
7	2	8	1	5	3	6	9	4

PUZZLE 138

1	9	3	7	6	8	2	5	4
6	8	7	4	5	2	9	1	3
2	4	5	1	3	9	6	7	8
8	3	4	9	1	6	7	2	5
5	7	1	8	2	3	4	9	6
9	2	6	5	4	7	8	3	1
3	6	8	2	9	5	1	4	7
4	5	2	6	7	1	3	8	9
7	1	9	3	8	4	5	6	2

PUZZLE 139

2	3	7	1	5	4	9	8	6
1	9	8	7	6	3	5	2	4
5	4	6	2	9	8	3	1	7
8	1	9	4	3	7	6	5	2
7	6	2	9	1	5	4	3	8
4	5	3	6	8	2	7	9	1
9	7	1	3	2	6	8	4	5
6	2	5	8	4	9	1	7	3
3	8	4	5	7	1	2	6	9

PUZZLE 140

5	9	3	6	4	7	8	1	2
4	7	6	2	8	1	5	3	9
8	1	2	9	5	3	6	4	7
9	3	7	4	2	6	1	8	5
2	6	8	3	1	5	9	7	4
1	4	5	8	7	9	2	6	3
6	5	1	7	9	4	3	2	8
7	2	9	1	3	8	4	5	6
3	8	4	5	6	2	7	9	1

PUZZLE 141

6	1	7	2	5	8	3	4	9
3	8	5	6	9	4	1	7	2
4	2	9	7	1	3	6	8	5
1	3	2	4	8	9	7	5	6
7	4	6	3	2	5	9	1	8
5	9	8	1	7	6	4	2	3
2	5	4	9	6	1	8	3	7
9	7	3	8	4	2	5	6	1
8	6	1	5	3	7	2	9	4

PUZZLE 142

2	4	9	7	1	8	6	5	3
6	1	7	3	9	5	8	2	4
3	8	5	2	4	6	1	9	7
1	3	6	5	2	7	9	4	8
8	9	2	6	3	4	7	1	5
5	7	4	1	8	9	2	3	6
4	2	1	8	7	3	5	6	9
7	6	3	9	5	2	4	8	1
9	5	8	4	6	1	3	7	2

PUZZLE 143

4	6	5	1	9	3	7	2	8
8	1	2	7	6	4	3	9	5
7	3	9	8	5	2	4	6	1
5	2	6	3	4	7	1	8	9
9	7	8	6	1	5	2	4	3
3	4	1	2	8	9	6	5	7
6	5	4	9	7	1	8	3	2
1	9	3	4	2	8	5	7	6
2	8	7	5	3	6	9	1	4

PUZZLE 144

6	3	7	9	8	5	1	4	2
9	2	1	6	3	4	5	8	7
8	4	5	7	1	2	3	9	6
2	7	8	3	9	6	4	1	5
3	5	4	1	2	7	8	6	9
1	6	9	4	5	8	2	7	3
5	9	2	8	7	1	6	3	4
4	8	3	5	6	9	7	2	1
7	1	6	2	4	3	9	5	8

PUZZLE 145

1	6	8	4	5	3	2	7	9
5	9	3	8	7	2	6	4	1
4	7	2	6	9	1	5	8	3
9	3	1	5	6	7	4	2	8
2	8	7	1	3	4	9	6	5
6	5	4	2	8	9	3	1	7
7	1	6	9	2	5	8	3	4
3	2	5	7	4	8	1	9	6
8	4	9	3	1	6	7	5	2

PUZZLE 146

9	8	2	7	6	5	1	4	3
7	4	5	1	3	9	6	8	2
1	6	3	4	8	2	7	5	9
6	9	8	2	1	4	5	3	7
4	2	7	3	5	6	8	9	1
5	3	1	9	7	8	4	2	6
3	5	9	6	4	1	2	7	8
8	7	6	5	2	3	9	1	4
2	1	4	8	9	7	3	6	5

PUZZLE 147

9	4	7	6	5	3	1	8	2
6	3	8	7	1	2	4	5	9
2	1	5	4	9	8	3	7	6
7	9	3	1	4	6	8	2	5
5	2	6	8	3	7	9	4	1
4	8	1	5	2	9	6	3	7
1	7	9	3	8	5	2	6	4
8	6	4	2	7	1	5	9	3
3	5	2	9	6	4	7	1	8

PUZZLE 148

4	1	5	3	8	9	2	6	7
6	9	8	2	4	7	1	5	3
3	7	2	6	5	1	9	4	8
7	4	9	8	3	6	5	1	2
2	6	3	4	1	5	7	8	9
8	5	1	7	9	2	4	3	6
9	3	6	1	7	4	8	2	5
5	8	4	9	2	3	6	7	1
1	2	7	5	6	8	3	9	4

PUZZLE 149

7	1	6	9	3	4	2	8	5
9	5	4	2	8	1	3	7	6
3	8	2	6	7	5	4	1	9
8	6	1	7	2	9	5	4	3
5	2	9	4	1	3	8	6	7
4	3	7	5	6	8	1	9	2
1	9	3	8	5	7	6	2	4
6	4	8	3	9	2	7	5	1
2	7	5	1	4	6	9	3	8

PUZZLE 150

1	7	9	8	6	3	5	4	2
6	5	4	7	2	9	1	8	3
2	8	3	1	5	4	9	6	7
3	6	2	4	8	5	7	9	1
7	9	8	2	1	6	4	3	5
5	4	1	3	9	7	6	2	8
4	3	5	9	7	8	2	1	6
8	1	6	5	4	2	3	7	9
9	2	7	6	3	1	8	5	4

PUZZLE 151

9	2	3	4	5	8	7	6	1
4	6	1	3	2	7	8	5	9
8	5	7	6	1	9	4	2	3
3	9	2	7	8	5	6	1	4
7	1	6	9	4	3	2	8	5
5	8	4	1	6	2	3	9	7
2	3	9	5	7	6	1	4	8
6	4	5	8	3	1	9	7	2
1	7	8	2	9	4	5	3	6

PUZZLE 152

6	4	8	7	9	2	1	5	3
3	9	2	6	5	1	4	7	8
1	5	7	3	4	8	2	6	9
9	1	3	2	6	5	7	8	4
2	8	4	9	1	7	5	3	6
5	7	6	4	8	3	9	1	2
4	3	9	5	7	6	8	2	1
7	2	1	8	3	9	6	4	5
8	6	5	1	2	4	3	9	7

PUZZLE 153

7	5	3	4	6	2	8	9	1
4	6	8	3	9	1	5	7	2
2	1	9	5	7	8	4	6	3
6	8	2	9	5	3	1	4	7
9	3	5	7	1	4	6	2	8
1	7	4	8	2	6	3	5	9
5	2	1	6	8	9	7	3	4
8	4	6	2	3	7	9	1	5
3	9	7	1	4	5	2	8	6

PUZZLE 154

1	2	6	4	5	7	9	3	8
5	7	9	2	8	3	1	6	4
8	3	4	1	9	6	7	2	5
2	4	1	3	6	5	8	9	7
6	9	3	7	1	8	5	4	2
7	8	5	9	2	4	6	1	3
9	5	2	8	4	1	3	7	6
3	1	8	6	7	2	4	5	9
4	6	7	5	3	9	2	8	1

PUZZLE 155

3	6	5	8	2	7	4	1	9
4	8	7	1	5	9	3	2	6
9	1	2	3	4	6	7	8	5
5	7	3	2	8	4	6	9	1
8	4	9	6	1	5	2	7	3
1	2	6	7	9	3	5	4	8
7	5	4	9	6	8	1	3	2
6	9	1	4	3	2	8	5	7
2	3	8	5	7	1	9	6	4

PUZZLE 156

8	1	2	5	7	4	3	6	9
6	3	7	8	9	2	5	4	1
5	4	9	3	1	6	7	2	8
1	8	4	7	6	3	9	5	2
9	7	5	4	2	8	1	3	6
3	2	6	1	5	9	8	7	4
4	9	1	6	3	5	2	8	7
2	6	3	9	8	7	4	1	5
7	5	8	2	4	1	6	9	3

PUZZLE 157

8	3	4	2	1	6	7	9	5
5	9	6	3	8	7	4	2	1
1	7	2	9	4	5	6	8	3
4	6	5	7	3	9	2	1	8
3	8	7	1	2	4	9	5	6
9	2	1	5	6	8	3	7	4
6	1	8	4	9	2	5	3	7
2	5	3	6	7	1	8	4	9
7	4	9	8	5	3	1	6	2

THE KIDS' BOOK OF SUDOKU 1
OVER 150 PUZZLES